ADAC
Reiseführer

Sizilien

von Giscla Buddée

Intro

Unterwegs

☐ Service

Leserforum

Die Meinung unserer Leserinnen und Leser ist wichtig, daher freuen wir uns von Ihnen zu hören. Wenn Ihnen dieser Reiseführer gefällt, wenn Sie Hinweise zu den Inhalten haben – Ergänzungs- und Verbesserungsvorschläge, Tipps und Korrekturen – dann kontaktieren Sie uns bitte:

Redaktion ADAC Reiseführer
ADAC Verlag GmbH
Am Westpark 8, 81365 München
Tel. 089/76 76 41 59
reisefuehrer@adac.de
www.adac.de/reisefuehrer

Sizilien Impressionen

Trinacria – wundersames Geschenk der Götter

Sizilien (ital. Sicilia) – wie nah ist diese Insel, doch zugleich so fremd und so aufregend widersprüchlich. Von den Griechen wurde sie **Trinacria** genannt, die Dreieckige. Sie ist die größte Insel des Mittelmeeres und liegt mit ihren drei Kaps wie ein eckiger Ball vor dem italienischen Stiefel. Trinacria – das antike Emblem zeigt die Insel mit drei laufenden Beinen und dem schlangenhaarigen Haupt der Gorgo Medusa – hat heute noch Bedeutung, nicht nur als Souvenir. In der Antike schützten Tonreliefs mit dem Haupt der **Medusa**, bei deren Anblick die Feinde versteinerten, die *Tempel* Siziliens. Ähnlich angsteinflößend gebärdet sich heute noch der **Ätna**, zugleich als größter aktiver Vulkan Europas gefürchtet und von den Sizilianern stolz und liebevoll *Mongibello*, ›Berg der Berge‹, genannt.

Links oben: *Antike Bademode des 4. Jh. – die Bikini-Mädchen der Villa Romana del Casale*
Links unten: *Triumph der griechischen Baukunst – der Concordia-Tempel in Agrigent*
Rechts oben: *Salute! – abendliches Vergnügen mit Barhockern in Lipari, Isole Eolie*
Rechts unten: *Schön und doch gefährlich – Taormina und der qualmende Ätna*

Augen-Blicke

Dem Urlauber bietet sich Sizilien in einer Folge von Bildern dar, die von faszinierenden Kontrasten, von bewegender Schönheit, romantischer Rauheit und unvermittelter Härte geprägt sind.

Verspielte Barockkuppeln schweben in **Ragusa** wie leichte Kronen über wuchtigen Felsen. Bei Piazza Armerina staunen Besucher der **Villa Romana del Casale** über die Bilderfülle spätantiker Mosaiken. An Sommerabenden erwachen in **Acireale** die kindergroßen Pupi, die sizilianischen Marionetten, zu kämpferischem Leben. Über kleinen Sandbuchten am **Capo San Vito** weht der Duft frischer Tintenfische aus winzigen Strandrestaurants. Mit ernsten Gesichtern schieben Menschen in **Palermo** schwere Prozessionswagen zu Ehren ihrer Schutzheiligen Santa Rosalia durch die Straßen. In **Taormina** rührt der Ausblick von den Rängen des antiken Theaters auf den schneebedeckten Ätna zu dichterischen Gedanken. Zwischen mächtigen Tempelsäulen in **Segesta** verlieren Menschen sich in einer weiten, nach Thymian duftenden Landschaft. An der Küste bei **Aci Castello**

tanzt die sizilianische Jugend in einer riesigen Freiluftdiskothek unter Palmen. Wissenschaftler aus aller Welt reden sich im mittelalterlichen Bergstädtchen **Erice** bei kühlem Inselwein die Köpfe heiß.

Landschaftskompositionen

Eine Sizilienreise ist eine unaufhörliche Wanderung durch die Zeitgeschichte – von der Antike bis in die Gegenwart und durch **Landschaften**, wie sie unterschiedlicher kaum sein können. Wander- und Reitwege ziehen sich durch die **Madonie**, die grüne Gebirgskette im Norden, wo man auf Marder und Murmeltiere trifft und bei Castelbuono auf eine besondere Eschenart, aus der *Manna* gewonnen wird. Und im Winter kann man an den Hängen des Ätna Ski laufen.

Die **Mandelblüte** verzaubert im Februar die Insel, im Frühling verwandeln sich die beinah kahlen Hänge in ein farbenprächtiges **Blumenmeer**, Orchideen wachsen bei Syrakus und Caltagirone in unvorstellbarer Vielfalt. Im Sommer färben **Getreidefelder** das Landesinnere gelb, nur unterbrochen von *Olivenhainen*, und an der Ostküste leuchten **Zitro-**

nen und **Orangen** durch dichtes Grün. Der Westen gehört dem **Wein** und den **Salinen**, deren Salzhügel die Sonne mal weiß erstahlten lässt, mal rosa färbt.

Taucherparadiese liegen vor der Insel **Ustica** bei Palermo, Höhlen und Grotten vor den **Isole Eolie** (Äolischen Inseln), die wie Fantasiebilder der ›Odyssee‹ aus dem Meer aufsteigen. Wer den Gipfel des **Stromboli** erklommen hat, um den stets feuerspeienden Vulkan zu erleben, wird auch den Blick auf **Cefalù** und über die die Meerenge von Messina auf die kalabrische Küste nicht vergessen.

Gedankensprünge

Sizilien, ein armes Land? – Verwundert schaut der Fremde in die Auslagen der Juweliere und Modegeschäfte in Palermo, Syrakus oder Catania. Das Unwesen der Mafia? – Aus Sicht der Besucher blüht es im Verborgenen, für die Sizilianer ist es immer noch ernste Realität, trotz der großen Erfolge, die beim Kampf gegen das organisierte Verbrechen verzeichnet werden konnten: Mächtige Mafia-Bosse wurden hinter Gitter gebracht, und in Palermo gewinnt die Anti-Schutzgeldbewegung *Addiopizzo* immer mehr Anhänger. Heißblütige Sizilianer, überschäumende Lebensfreude? – Mit Erstaunen registriert der Reisende eine ganz andere sizilianische Grundstimmung, eine charmante Kombination aus Freundlichkeit, Stolz und Melancholie, die jedoch im Kreis der Familie und Freunde in eine fröhliche Oper des Wohlbefindens umschlägt. Und die einst viel beschworene Rückständigkeit Siziliens? – Sicher sitzen in manchen Dörfern die Männer noch

heute abends gemeinsam auf der Piazza, während zu Hause die Mamma als eigentliches Oberhaupt der Familie den Ton angibt. Aber zugleich ist Sizilien längst vom Bewusstsein und Lebensstil, den Werten und Wünschen einer modernen Konsumgesellschaft durchdrungen.

Im Labyrinth der Vergangenheit

Doch zunächst ein Blick in die Tiefen der Vergangenheit: Sizilien war über Jahrtausende ein Spielball zahlreichen Eroberer. In der unglaublich reichen **Literaturgeschichte** der Insel sind Glanz und Last der

Geschichte so präsent wie die Probleme der Gegenwart. **Luigi Pirandello**, der Dichter aus Agrigent, stellte in seinen Werken Wahrnehmung und Wirklichkeit in Frage. **Giuseppe Tomasi di Lampedusa** schilderte Tragik und Hoffnungslosigkeit im Kampf um den Erhalt einer veralteten Gesellschaftsordnung. Und **Giovanni Verga** widmete sich dem Schicksal der Bauern. Mediterrane Leichtigkeit konnten die Gedanken der Dichter unter der sengenden Sonne Siziliens und dem jahrhundertelangen Joch der Eroberten und Geknechteten nicht entwickeln, an ihre Stelle trat ein unerschütterlicher Stolz.

Sizilien und seine wechselvolle Geschichte erklären sich aus der zentralen Lage im Mittelmeerraum. Die Insel gehört geologisch und geographisch zum italienischen Festland. Ein nur 3 km breiter Grabenbruch, die **Straße von Messina** (Stretto di Messina) genannte Meerenge, trennt die Gebirge Nordostsiziliens von Kalabrien. Andererseits liegt die Westküs-

Links: *Opernreife Lichteffekte – nächtliches Feuerspektakel am Stromboli, Isole Eolie*
Rechts oben: *Barocke Eleganz – der Duomo Santa Maria delle Colonne von Syrakus*
Rechts Mitte: *Sizilianisches Idyll – prachtvoller Orangenhain mit Vulkanblick*
Rechts unten: *Goldenes Himmelszelt – die Mosaike der Cappella Palatina in Palermo*

te Siziliens bei Trapani nur 140 km vom antiken Karthago in Afrika entfernt, und Gibraltar ist nicht weiter entfernt als die ägyptische Metropole Kairo. Das machte die Insel naturgemäß zu einer **Drehscheibe** zwischen Okzident und Orient.

Die **Griechen** kolonisierten Sizilien, und sie gründeten *Syrakus*, eine der mächtigsten Städte des Altertums. Im griechischen Theater wohnte einst Euripides den Uraufführungen seiner Stücke bei. In *Agrigent* vermittelt das Tal der Tempel noch heute einen unvergesslichen Eindruck von Macht und Reichtum dieser Siedler.

Die **Römer** fanden in Sizilien die *Kornkammer* ihres Imperiums. Sizilien war ihr Schlüssel zur Weltmacht, doch sie beuteten die Insel und ihre Bewohner gnadenlos aus. Sie bauten Theater und schmückten ihre Landvillen mit kostbaren Mosaiken. Die Hinwendung zum **Christentum** schließlich ist durch die Umwandlung von Tempeln zu Kirchen in Syrakus und Agrigent sowie durch ausgedehnte Katakomben dokumentiert.

Die **Araber** verwandelten die Insel nach ihrer Eroberung in eine blühende Oase. **Palermo**, die neue Hauptstadt, sollte alsbald Cordoba an Schönheit und Bagdad an Größe weit übertreffen.

Als Papst Nikolaus II. befand, die kirchliche Oberhoheit solle nicht länger bei Byzanz liegen, sandte er die Brüder Roger und Robert Guiscard aus, Sizilien zu erobern. Die **Normannen** verwirklichten fortan eine tolerante Mischkultur, deren unermesslich reiche Kunst in Palermo und Monreale zu erleben ist.

In **Enna**, das auf einer 931 m hohen Felskuppe in der Mitte Siziliens über fruchtbarem Hügelland thront, wurde schon in vorgriechischer Zeit die Göttin der Fruchtbarkeit verehrt. Die griechische *Demeter* hat das Korn zuerst nach Sizilien gebracht. Von Resten ihres Tempels über die Araberfestung bis zum Wohnturm **Friedrichs II.** liegt Geschichte auch hier

nah beieinander. Der berühmte Staufer hinterließ auf seiner Heimatinsel ausschließlich wuchtige Festungen wie das Castello Ursino in Catania und das Castello Maniace in Syrakus.

400 Jahre unter **spanischer** Herrschaft brachten dann Elend, Unterdrückung, Inquisition – und üppigsten **Barock**, der heute noch das Gesicht vieler sizilianischer Städte prägt.

Hinter jeder Kurve – ein Traum

Auch das 20. Jh. hat mit Industrieanlagen für Schwefel und Erdöl und öden Hochhausvierteln deutliche Spuren hinterlassen. Es hat aber auch Entscheidendes für die Erhaltung und Wiederherstellung der Kunst- und Kulturschätze geleistet, sodass Städte wie Palermo, Catania und Ragusa im 21. Jh. in neuem Glanz erstrahlen. Die glitzernden Juwelen Siziliens wie Syrakus, Noto und die Villa Romana del Casale gehören heute zum **UNESCO-Weltkulturerbe**. Auch zum Thema Reisen und Genießen hat Sizilien viel beizutragen: Es gibt traumhaft schöne Hotels in alten Stadtpalästen und Landsitzen, Weingütern und Salinen mit Gourmetküche und Gästezimmern, jede Menge Wander- und Radstrecken mit Blick auf Ätna und Steilküste, viele malerische Strände, idyllische Inselparadiese und sogar trubelige Vergnügungsparks. Auch wenn nicht jeder Urlauber, jährlich kommen 10 Mio. aus aller Welt, auf den Spuren *Johann Wolfgang von Goethes* reisen möchte, am Ende wird er dem Dichter zustimmen, der einst schrieb: »Italien ohne Sizilien macht kein Bild in der Seele«.

Links oben: *Klettermaxin in Mondello – Freeclimbing am Steilhang mit Meerblick*
Links unten: *Stromboli voraus – Schiffstour durch die blauen Gestade der Isole Eolie*
Rechts oben: *Seliges Selinunt, göttliche Spielwiese – Tempel mit Blick aufs Meer*
Rechts Mitte: *Charaktervoll und farbenfroh – Muscheln nach Art der Cucina siciliana*
Rechts unten: *Mit der Vespa zum Strand – jugendliche Sizilianer in Mondello*

Geschichte, Kunst, Kultur im Überblick

Griechische Tempel, römische Theater und normannische Paläste

Vor- und Frühgeschichte

um 6000 v. Chr. Felsmalereien und Ritzzeichnungen in den Addaura-Grotten am Monte Pellegrino (Palermo) und auf der Insel Levanzo (Trapani) zeugen von der frühen Besiedlung Siziliens.

5000–3000 v. Chr. Erste befestigte Siedlungen entstehen. Funde noch ungebrannter Keramik dokumentieren die Existenz verschiedener Kulturformen, z. B. der Stentinello-Kultur.

3000–1000 v. Chr. Während der Kupfer- und Bronzezeit wandern nacheinander indogermanische Stämme ein: Sikaner, Sikuler und Elymer. Es bestehen rege Handelsbeziehungen mit Mykene und anderen Mittelmeerregionen. Nekropolen bei Pantalica, Thapsos etc. weisen reiche Funde an Keramik, Schmuck und Geräten auf.

um 1000 v. Chr. Die aus dem heutigen Libanon stammenden Phönizier gründen Handelsniederlassungen an Siziliens Küsten, u. a. Motya (Mozia), Panormos (Palermo) und Solus (Solunto).

Griechische Epoche

8./7. Jh. v. Chr. Griechen aus Chalkis (Euböa), Naxos, Korinth etc. besiedeln die Ost- und Südküste Siziliens und gründen Naxos (735), Syrakus (734), Zankle (Messina, 730), Katane (Catania, 729), Akragas (Agrigent, 582). Mit der Bevölkerung im Inselinneren und den Phöniziern an der Westküste wird Handel getrieben. Der Überschuss aus der Landwirtschaft wird nach Griechenland und auch nach Karthago exportiert. Gesandtschaften fahren zu den heimischen Götterfesten, und an den Wettkämpfen in Olympia nehmen selbstverständlich auch sizilianische Griechen teil.

575 v. Chr. Syrakus errichtet als erste Stadt ihrem Gott Apollon einen Tempel.

ab 570 v. Chr. Mit Phalaris von Akragas (570–550) beginnt die Zeit der Tyrannen, der Alleinherrscher, – eine Blütezeit der sizilianischen Städte. Die fortschreitende Landnahme durch die Griechen fordert Konflikte mit den Phöniziern heraus, unter denen die Volksgruppe der Karthager allmählich eine Vorrangstellung gewinnt.

480 v. Chr. Kampf um die Vorherrschaft im Mittelmeerraum. In der Schlacht von Himera siegen die sizilianischen Griechen über die Karthager. Bei Salamis werden die Perser von der griechischen Flotte geschlagen.

480–400 v. Chr. Acht monumentale Tempel entstehen in Akragas. Syrakus entwickelt sich unter Gelon und Hieron I. zu einer bedeutenden Metropole. Die Städte sind Zentren griechischer Kultur und Wissenschaft.

ab 470 v. Chr. Immer wieder werden die Tyrannen von Akragas und Syrakus vorübergehend von demokratischen Regierungen abgelöst.

415–413 v. Chr. Athen begibt sich während des Peloponnesischen Krieges auf eine sizilianische Expedition, um seine Vormachtstellung zu behaupten, wird jedoch im Hafen von Syrakus, welches Athens Gegner Sparta nahesteht, vernichtend geschlagen.

409–405 v. Chr. Die Karthager erobern Selinunt, plündern Akragas und belagern Syrakus.

405–367 v. Chr. Unter Dionysios I., der auch die Karthager entmachtet, ist Syrakus eine der größten und mächtigsten Städte der damaligen Welt.

344–337 v. Chr. Timoleon von Korinth macht der Tyrannis und Anarchie auf Sizilien vorläufig ein Ende.

Römische Epoche

264–241 v. Chr. Erster Punischer Krieg. Rom schlägt die Karthager bei Lilybaeum (Marsala). 261 erobern römische Truppen Akragas, 254 fällt dann Panormos (Palermo) in ihre Hände. Mit Ausnahme von Syrakus, dem Herrschaftsbereich Hierons II.,

◁ *Meisterwerk der griechischen Architektur – Herakles-Tempel von Agrigent (um 500 v. Chr.)*

Römer auf Wildtierjagd in Afrika – Fußbodenmosaik der berühmten Villa Romana del Casale (4. Jh. n. Chr.)

wird Sizilien Provinz des Imperium Romanum.
218–201 v. Chr. Zweiter Punischer Krieg. Nach dem Tod Hierons II. verbündet sich Syrakus mit den Karthagern. Die als uneinnehmbar geltende Stadt – die Verteidigungsanlagen hatte Archimedes geplant – wird 212 nach langer Belagerung durch die Römer unter Marcellus erobert und geplündert.
ab 210 v. Chr. Sizilien avanciert zur römischen Vorratskammer – verwaltet von römischen Statthaltern. Die neuen Herren schmücken ihre riesigen Landgüter, die Latifundien, mit prächtigen Villen.
135 und 104 v. Chr. Im Ersten und Zweiten Sklavenkrieg rebellieren die Leibeigenen. Die Römer können die Aufstände erst nach Jahren niederschlagen.
70 v. Chr. Cicero klagt Gaius Verres, den Statthalter Siziliens, wegen Unterschlagung und Kunstraubes an.
44 n. Chr. In Syrakus gründet der hl. Marcianus die erste christliche Gemeinde des Abendlandes.
3./4. Jh. In Casale bei Piazza Armerina entsteht eine prunkvolle römische Villa mit kostbaren Mosaiken. Anderenorts werden Aquädukte, Theater und Amphitheater errichtet.
440 Ende der Römerzeit. Die Vandalen unter Geiserich fallen in Sizilien ein, das sie von 468 bis 476 beherrschen.
476–535 Herrschaft der Westgoten und anschließend der Ostgoten. Der sizilianische Adel wandert nach Konstantinopel aus.

Byzantinische Epoche

535–827 Sizilien ist byzantinische Provinz und wird zum Stützpunkt gegen Nordafrika. Die Hinwendung zum Christentum manifestiert sich in den zu Kirchen umgestalteten Tempeln. In Tauromenion (Taormina) wird der Isis-Tempel zur Kirche des hl. Pancratius umgestaltet, die Tempel von Segesta und Himera werden von christlichen Gemeinden besucht. Weitläufige Katakomben entstehen in Modica, Syrakus und Palermo.
663–668 Der oströmische Kaiser Konstans II. verlegt seine Residenz von Konstantinopel nach Syrakus. Nach der Ermordung des 38-Jährigen erklärt sein Sohn erneut Konstantinopel zur Kapitale.

Arabische Epoche

827–1072 Die arabische Eroberung Siziliens beginnt mit einer Invasion bei Lilybaeum (Marsala). 831 folgt Palermo, 859 Enna und 878 Syrakus. Taormina unterliegt der arabischen Belagerung 902 als letzte Stadt. Die arabische Herrschaft ist milde und tolerant – auch in Bezug auf andere Religionen. Kluge Steuerpolitik führt zu wirtschaftlicher Blüte, die Insel wird in eine landwirtschaftliche Oase verwandelt. In der Hauptstadt Palermo entstehen zahlreiche Moscheen.
1038 Maniakes, Feldherr des byzantinischen Kaisers Michael IV., erobert Syrakus und Umgebung.

Normannisch-staufische Epoche

1060/61 Papst Nikolaus II. belehnt die Brüder Roger und Robert Guiscard aus Hauteville (Normandie) nominell mit Süditalien und Sizilien. Doch erst beim dritten Versuch gelingt Roger die Eroberung von Messina.
ab 1072 Die Normannen nehmen Palermo ein, ab 1091 ist ganz Sizilien unter ihrer Herrschaft. Gegen Tributzahlungen erhalten die Bewohner Glaubensfreiheit und innere Autonomie. Roger I. erweitert seine Streitkräfte um moslemische Soldaten und schließt 1075 einen Freundschaftsvertrag mit Tunis. Franzosen und Lombarden werden in hohe Verwaltungsämter berufen. Byzantinisch-griechische und arabische Elemente werden in Kultur und Staatsführung integriert, zugleich beginnt eine Rechristianisierung in römisch-katholischer Richtung.
1101–1154 Nach dem Tod Roger I. wird sein Sohn Roger II. Nachfolger – bis 1112 zunächst von seiner Mutter vertreten. Roger II. wird 1130 zum König von Sizilien gekrönt. Seinen Herrschaftsbereich dehnt er auf Unteritalien und Nordafrika aus. Der König macht Palermo zum Zentrum der Wissenschaften, er lässt die Schriften Platons und Euklids übersetzen und fördert die

Entstehung eines geographischen Standardwerks. Er selbst beschäftigt sich mit Astronomie und Astrologie. Die Kunst dieser Epoche zeigt byzantinische, vor allem aber starke arabische Einflüsse.

1189 Mit Wilhelm II. stirbt der letzte Normannenkönig (reg. ab 1154). Er hatte den Dom von Monreale errichten und mit einem monumentalen Mosaikzyklus schmücken lassen. Sizilien fällt an Konstanze, Wilhelms Tante, Tochter des Normannenkönigs Roger II. und Gemahlin des Staufers Heinrich VI.

1194 Heinrich VI. wird in Palermo zum ersten normannisch-staufischen König auf Sizilien gekrönt, einen Tag später wird sein Sohn Friedrich geboren.

1198 Friedrich II. ist König von Sizilien. 1215 wird er in Aachen zum deutschen König und 1220 in Rom zum Kaiser gekrönt. In den folgenden Jahren hält er sich überwiegend in Apulien auf. Er lenkt von dort aus die Geschicke Siziliens und regiert das Heilige Römische (deutsche) Reich.

1231 Mit dem Liber Augustinus gibt Friedrich II. Sizilien eine Verfassung in lateinischer Sprache. Er schafft die Leibeigenschaft ab und schreibt die königliche Souveränität fest. Seine Herrschaft wird als Ausdruck göttlichen Willens proklamiert. Während seiner Regierung werden vor allem wuchtige Festungen gebaut – wie Castello Maniace in Syrakus und Castello Ursino in Catania.

Roger II. wird von Christus gekrönt, La Martorana, Palermo

1250 Friedrich II. stirbt in Apulien und wird nach eigenem Wunsch im Dom von Palermo beigesetzt.

1258 Friedrichs Sohn Manfred wird König von Sizilien.

Französische und Spanische Epoche

1266 Nach Manfreds Tod gerät Sizilien unter die Herrschaft der Anjou. Karl I. von Anjou konfisziert die Güter des Adels.

1282 Sizilianische Vesper: Volksaufstand gegen die Franzosenherrschaft. Sizilien wird Lehen des spanischen Hauses Aragon, dessen König Peter III. der Schwiegersohn Manfreds ist. Für die Insel beginnt eine Zeit der Ausbeutung und politischen Unselbstständigkeit.

1302 Nach jahrelangem Krieg zwischen Anjou und Aragon wird der Frieden von Caltabelotta geschlossen. Sizilien bleibt bis 1713 unter der Herrschaft des Hauses Aragon.

1434 In Catania wird die erste Universität Siziliens gegründet.

1487 Einführung der Inquisition. Die Piazza Bologni in Palermo ist Schauplatz der Hinrichtung von ›Ketzern‹, zwangskonvertierten Juden und Mauren.

1516–48 Wiederholte Volksaufstände gegen die spanischen Vizekönige.

1669 Ein schwerer Ätna-Ausbruch zerstört Catania und kostet über 100 000 Menschen das Leben.

1693 Sizilien wird von Dürre und Epidemien, Vulkanausbrüchen und einem großen Erdbeben heimgesucht, das mehrere Städte im Südosten zerstört. Beim Wiederaufbau verwandeln Adel und Kirche Städte wie Noto und Ragusa in Zentren des Barock.

1713–1720 Nach dem Spanischen Erbfolgekrieg gehört Sizilien zum Haus Savoyen.

1720–1735 Die österreichischen Habsburger verwalten die Insel.

1735–1780 Sizilien und Neapel stehen unter der Herrschaft der spanischen Bourbonen. Während die Landbevölkerung zusehends verarmt, pflegen Adel und Großgrundbesitzer einen kostspieligen Lebensstil. Das Volk nimmt seine Rechte selbst in die Hand, Banden und Auftragsmörder treiben ihr Unwesen. Die Beamten sind gegen das allgemeine Schweigen, die Omertà, machtlos.

◁ *Die erste Station des Italienbefreiers – 1860 landet Giuseppe Garibaldi bei Marsala*

Naturgewalt Ätna – der Vulkan ist für seine spektakulären Ausbrüche berühmt

Vom Königreich zur Republik

1816–21 Ferdinand I. führt als ›König beider Sizilien‹ (mit Neapel) ein Unterdrückungsregiment und schlägt Autonomiebestrebungen Siziliens brutal nieder.

1860 Am 11. Mai landet Giuseppe Garibaldi mit seinen ›Mille‹ (Tausend) in Marsala, befreit Sizilien und marschiert auf Rom.

1861 Anschluss Siziliens an das Königreich Italien. Doch unter Vittorio Emanuele II. von Piemont halten die wirtschaftlichen und sozialen Probleme an. Banden erpressen von Bauern Schutzgelder, Großgrundbesitzer kaufen Privatarmeen. Die Mafia geht aus jenen bewaffneten Truppen hervor, die im Auftrag der Großgrundbesitzer Pacht und Abgaben eintreiben. Wichtige Ämter im neuen Regime bekleiden Mafiosi.

1908 Ein schweres Erdbeben bei Messina fordert mehr als 84 000 Opfer.

1910 Sizilien leidet unter sozialen Missständen, Feudalismus, Wahlmanipulation und Ausbeutung. Vor dem Ersten Weltkrieg wandern fast 2 Mio. Sizilianer nach Amerika, Australien und Nordafrika aus. Gleichzeitig entstehen in Catania, Trapani und Palermo als Zeichen bürgerlichen Wohlstands Jugendstil-Palazzi.

1943 Die Landung der Alliierten auf Sizilien am 10. Juli führt zur Entmachtung des Faschisten Mussolini (27. Juli) und zur Unterzeichnung des Waffenstillstandsabkommens zwischen Italien und den Alliierten (3. Sept.).

1946 Sizilien wird Autonome Region der Republik Italien.

1950–1960 Eine Zeit wirtschaftlichen Aufschwungs: Im Süden wird Erdöl entdeckt, in Augusta, Gela und Milazzo entstehen zahlreiche Raffinerien und chemische Fabriken.

1968 Schweres Erdbeben im Belice-Tal.

1992/93 Nach der Ermordung der gegen das organisierte Verbrechen kämpfenden Richter Giovanni Falcone und Paolo Borsellino wächst in der Bevölkerung der Widerstand gegen die Mafia. Verhaftung des ›Capo dei tutti Capi‹ Totò Riina aus Corleone.

2001 Im Juli ereignen sich spektakuläre Ausbrüche am Ätna, glühende Lavamassen zerstören die Pinienwälder um Linguaglossa an der Nordostseite des Vulkans.

2004 Wiedereröffnung der bei den Ausbrüchen von 2001 und 2002 zerstörten Seilbahn am Ätna. Im September tritt aus einem neuen Spalt am Südost-Krater des Vulkans erneut Lava aus.

2006 Bernardo Provenzano, der meistgesuchte Mafiaboss Italiens, wird in der Nähe seines Heimatortes Corleone verhaftet. Als ›Capo dei tutti Capi‹ hatte er die sizilianische Cosa Nostra seit 1993 geleitet. 50 Morde werden ihm zur Last gelegt.

2007 Im November gelingt mit der Festnahme des Mafiabosses Salvatore Lo Piccolo erneut ein bedeutender Schlag gegen die Cosa Nostra.

2010 Im Dezember soll mit dem Bau des Ponte di Messina, der Brücke zum italienischen Festland, begonnen werden. Mit einer Spannweite von 3300 m wäre sie die längste Hängebrücke der Welt. Die Fahrbahnen verliefen in 65 m Höhe.

Bauen für die Zukunft – Modell der Ponte di Messina bei einer Präsentation 2004

Trümmerfeld als Wunderwelt – Blick durch die Säulen des Hera-Tempels von Selinunt

Unterwegs

Palermo – Blume in der Goldenen Muschel

Zuerst taucht ein gigantischer Berg von scheinbar unbestimmbarem Blaugrau, der **Monte Pellegrino**, über der Bucht von Palermo auf, und beim Näherkommen gewinnt die fast finstere Gestalt Konturen: Helles Licht, vom Kalkstein reflektiert, blendet die Ankömmlinge, färbt den Stein weiter unten golden, und wie Scherenschnitte fallen die Schatten hoher Häuser immer deutlicher an nur scheinbar ferne Wände. – Es war am Nachmittag des 2. April 1787, als *Johann Wolfgang von Goethe* auf dem Seeweg nach Palermo kam. Den Zauber des ersten Eindrucks beschrieb er später als »die Reinheit der Konturen, die Weichheit des Ganzen, das Auseinanderweichen der Töne, die Harmonie von Himmel, Meer und Erde«. Sicher ist der Seeweg der schönste Weg nach **Palermo**. Wer in der **Conca d'Oro**, der von Bergen gerahmten ›Goldenen Muschel‹, die Spuren einer der schönsten Städte der Weltgeschichte sucht, wird sie mit Sicherheit finden. Er wird aber auch eine aufregende Großstadt kennenlernen, in der noch heute Glanz, Glamour und Verfall nah beieinander liegen.

1 Palermo

Die sizilianische Metropole, einst Zentrum des normannischen Königreiches, prunkt mit goldglänzenden Mosaiken und bewegtem Barock.

Wie in Watte gepackt dringt der Straßenlärm in die kühlen *Kirchen* Palermos, jede ein Meisterwerk der Bau- und Kunstgeschichte. Cappella Palatina und La Martorana erstrahlen im Gold ihrer Mosaike. San Giovanni degli Eremiti mit seinen rosaroten arabischen Kuppeln liegt inmitten eines Märchengartens. Die Cattedrale Maria Santissima Assunta beeindruckt mit den Porphyrsarkophagen der Normannen und Staufer. Das *antike* Sizilien wiederum machen die herrlichen Reliefs im Museo Archeologico mit Szenen aus der griechischen Mythologie lebendig.

Natürlich ist Palermo mehr als die Phalanx seiner Baudenkmäler und Kunstwerke. Da sind Parkanlagen wie die Villa Giulia oder der Orto Botanico und nicht zuletzt kunterbunte Märkte wie der Mercato della Vucciria, der sich von der Piazza San

Glitzernde Perle in der ›Goldenen Muschel‹ – Palermo umkränzt von Bergen und Meer ▷

Domenico bis zum Hafen hinzieht. Und was wäre Palermo ohne seine Bewohner, die – den von Mafia-Filmen genährten Vorstellungen zum Trotz – Besuchern stets freundlich begegnen?

Geschichte Die attraktive Lage – einem Amphitheater gleich öffnet sich eine fast 100 km² große Ebene, die *Conca d'Oro* (Goldene Muschel), im Schutz der Berge zum Meer – hatten im 8. Jh. v. Chr. die **Phönizier** zur Gründung einer Stadt namens *Ziz* (Blume) genutzt. Sie befand sich dort, wo heute der Palazzo dei Normanni steht. Bereits im 4. Jh. v. Chr. hatte sich die Stadt bis zu dem heute I Quattro Canti genannten Platz ausgedehnt. Die **Griechen** nannten die Stadt, welche sie zwischen dem 5. und 3. Jh. v. Chr. immer nur für kurze Zeit in Besitz nehmen konnten, *Panormos*, All-Hafen.

Überragende kulturelle und ökonomische Bedeutung erlangte der Seehafen erst, nachdem die **Araber** ihn unter dem Namen *Bulirma* im Jahr 831 zur Hauptstadt ihrer sizilianischen Besitzungen gemacht hatten. Mit der Einführung von Pflanzen aus ihrer Heimat, Orangen und Zitronen, Maulbeer- und Johannisbrot-

Sizilianische Vesper

Es ereignete sich am 31. März 1282, doch später wusste keiner genau, wie es angefangen hatte. Es war Ostern, und die Palermitaner zogen zum Friedhof von **Santo Spirito**, um ihre Toten zu ehren, und danach zum Volksfest nebenan. Vielleicht hatte ein französischer Offizier im Übermut mit einer schönen Sizilianerin geflirtet, auf jeden Fall hat ihn der künftige Bräutigam erstochen. Der Volkszorn wandte sich gegen die Franzosen, die als Unterdrücker verhasst waren. **»Moranu li Francisi«** (Tod den Franzosen) hieß der Schlachtruf, der sich wie ein Lauffeuer über die ganze Insel verbreitete. Zur Identifizierung von Franzosen, die sich zu tarnen versuchten, bediente man sich eines Sprachtests. Wer das Wort *Ciciro* (Kichererbse) nicht korrekt aussprechen konnte, dem ging es an den Kragen. Die Sizilianer richteten ein Blutbad an. Mehr als 2000 Menschen starben bei diesem ›Freiheitskampf‹, der Sizilien von dem Joch der Franzosen-Herrschaft erlöste.

baum, Dattelpalmen, Zuckerrohr und Reis, verwandelten sie die palermitanische Ebene in einen blühenden Garten, und ihre Bewässerungssysteme machten den Boden fruchtbar. Aus jener Zeit sind begeisterte Beschreibungen wie die des Geographen *Ibn Haukal* überliefert, die die Schönheit der Stadt thematisieren.

Auch den **Normannen** muss die Stadt gefallen haben, denn die Brüder **Roger I.** und **Robert Guiscard** eroberten sie im Jahr 1072. **Roger II.** schließlich erklärte Palermo 1130 zur Hauptstadt der *Monarchia Sicula*, des normannischen Königreiches, und baute sie zu einer der glanzvollsten Städte Europas aus. Die *Architektur* jener Zeit zeichnete sich durch einen ganz neuen Stil aus, in dem sich Fantasie und Dekorationslust der Araber mit der romanisch-byzantinischen Strenge normannischer Prägung verbanden.

Die Normannen behielten auch die multinationale, tolerante *Gesellschaftsordnung* der Araber bei. Sie übernahmen sogar das Verwaltungssystem ihrer Vorgänger. Am Hof waren jüdische, arabische und griechische Wissenschaftler, Künstler, Gelehrte und Beamte wohl angesehen. Als *Amtssprachen* galten Griechisch, Latein und Arabisch.

Ein Jahrhundert später traten die **Staufer** unter *Kaiser Heinrich VI.* das Erbe der Normannen an. Mit der Regierungszeit seines Sohnes **Friedrich II.** erreichte ihre Herrschaft auf Sizilien den Zenit. In Sizilien und Apulien organisierte der geniale Regent den ersten modernen Beamtenstaat und zentralisierte die Verwaltung nach byzantinischem Vorbild.

Friedrichs Nachkommen, Manfred und Konradin, regierten zwar noch als Könige, doch ihre Macht war begrenzt. Der kurzen Herrschaft der verhassten **Anjou** seit 1266 setzte 1282 die *Sizilianische Vesper* [s. S. 19], der Aufstand der Palermitaner gegen die Franzosen, ein Ende. Bald darauf ging Sizilien in die Hand der **Spanier** über, sie blieben bis ins frühe 18. Jh. an der Macht. Die einst blühende Insel aber versank in bitterer Armut. Immer wieder kam es zu Aufständen gegen die als Unterdrücker empfundenen spanischen Vizekönige. Zugleich ließen diese überall auf der Insel prächtige Kirchen und Paläs-

Von Mafia, Addiopizzo und Schurkenwirtschaft

Die historischen Wurzeln der sizilianischen **Mafia** (auch **Cosa Nostra**, unsere Sache, genannt) sind in der Normannenzeit zu suchen, als sich *Geheimbünde* zusammenschlossen, um das von Feudalherren ausgebeutete Landvolk mutig (arab.: mû) zu beschützen (arab.: afât). Den Namen **Mûafât** trugen auch jene Bündnisse, die im 19. Jh. gegen das Volk vorgingen, um die Interessen des Landadels durchsetzten. Nach der Einigung Italiens 1860 machten sie sich wieder zu Rettern des Volkes. Die Faschisten unter *Mussolini* drängten die Mafia völlig beiseite, doch nach dem Zweiten Weltkrieg erlebte sie als vermeintlich antikommunistische Kraft einen abermaligen Aufschwung.

Das Betätigungsfeld der Mafia reichte schon seit den Tagen der *Prohibition* (1920–33) in den USA weit über Sizilien hinaus. Die amerikanische Cosa Nostra, die Camorra in Neapel und die 'Ndrangheta in Kalabrien waren nicht weniger ruchlos. Der Geschäftsfelder sind viele, z. B. Erpressung, Wucher, Prostitution, Immobilien-Spekulation, Drogen- und Waffenhandel. **Hintermänner** aus Politik und Justiz machen die ›Ehrenwerte Gesellschaft‹ (Onorata società) scheinbar unschlagbar.

In den späten 1980er-Jahren zogen der Richter **Giovanni Falcone** und der Staatsanwalt **Paolo Borsellino** mit Maxiprozessen gegen die Mafia zu Felde, 1992 zahlten sie dafür mit dem Leben. Daraufhin nahm der öffentliche Druck auf Polizei und Politik enorm zu. Schon 1993 konnte **Totò Riina** aus Corleone, einer der mächtigsten Mafiabosse Siziliens, verhaftet werden. Seither kämpft die sizilianische Staatsanwaltschaft beständig gegen die Cosa Nostra, und es gelingt ihr immer wieder, ranghohe Mitglieder der Mafia dingfest zu machen – zuletzt mit den Festnahmen des *Capo dei tutti Capi*, des Bosses aller Bosse, **Bernardo Provenzano** 2006 und des Bosses **Salvatore Lo Piccolo** 2007. Mit **Giuseppe Falsone** wurde 2010 ein weiterer hochrangiger Mafioso und Capo von Agrigent verhaftet.

Dass die Mafia nicht nur schießt, sondern auch beste Verbindungen zu Politik und Wirtschaft hat, beleuchten Gerichtsverfahren wie jenes gegen den

te errichten. Und so trieb hier im 17./18. Jh. der *Barock* die schönsten Blüten. Um 1900 begann dann der kurze Triumphzug des *Jugendstils*. Diese in Italien als Stile Liberty bezeichnete Formensprache zeigte sich in Palermo vor allem in verspielten Innendekorationen und Fassadendetails, wie in den Straßen Via Garzili, Via XII Gennaio und Via Dante zu sehen.

Hauptstadt ist Palermo bis heute – als Regierungssitz der *Autonomen Region Sizilien* – und mit 660 000 Einwohnern zugleich fünftgrößte Stadt Italiens. Nachdem 1968 bei einem Erdbeben ein Großteil der Wohnungen in der Altstadt, dem *Centro Storico*, zerstört worden waren, zogen viele Palermitaner in Neubauviertel am Stadtrand. Die Regierung stellte zwar Geld für die Altstadtsanierung bereit, doch das floss überwiegend in die Kassen der Mafia. Erst ab den 1990er-Jahren wurden die schönen alten Palazzi dank einer Initiative des langjährigen Bürgermeisters **Leoluca Orlando** (1985–90 und 1993–2000) restauriert. Ein Übriges taten Eigeninitiativen der Bürgerschaft zur Verschönerung und Wiederbelebung des Centro Storico. Heute ist es wieder das bildschöne Herz Palermos, mit Flaniermeilen, mit Theatern und Bars, Kulturzentren und Sommerfestspielen.

Besichtigung Das **Centro Storico** von Palermo kann man gut zu Fuß erkunden. Die wichtigsten Sehenswürdigkeiten liegen nah beieinander, und unterwegs kann man die Atmosphäre genießen.

Ein *Straßenkreuz* mit einer breiten Querachse zerschneidet die Altstadt in vier Viertel. Hier, am Nabel Palermos, manifestiert sich ein wesentliches Stück der *Stadtgeschichte*. Die kurzen, bogenförmigen und verwinkelten Straßenzüge, oft durch schmale Gassen miteinander verbunden, gehen auf die *arabische Epoche* (831–1072) zurück. Im 17. Jh., während der bourbonisch-spanischen Herrschaft, begann man mit einer tiefgreifenden *Neuordnung*, die das Zentrum entlang breiter Boulevards nach allen Seiten hin öffnete. Im Mittelpunkt des Straßenkreuzes entstand **I Quattro Canti** [s. S. 26], ein Platz, dessen vier Ecken mit aufwendiger Architektur geschmückt wurden.

Mitgründer der Berlusconi-Partei Forza Italia, **Marcello Dell'Utri**, der wegen seiner Kontakte zum organisierten Verbrechen 2004 verurteilt wurde.

Im selben Jahr schlug die Geburtsstunde von **Addiopizzo** (Adieu Schutzgeld, www.addiopizzo.org), der von Jugendlichen initiierten Anti-Schutzgeld-Bewegung in Palermo. Inzwischen haben sich über 400 Unternehmen der Vereinigung angeschlossen. Sie verpflichten sich, kein Schutzgeld zu zahlen und Erpressungsversuche der Mafia zur Anzeige zu bringen. Bei Touren mit **Addiopizzo Travel** (www.addiopizzo travel.it) lernt der Reisende die Schönheiten Siziliens kennen und erhält Einblicke in die Geschichte der Mafia und des Widerstandes gegen sie. Von der Webseite kann man auch einen Stadtplan von Palermo herunterladen, auf dem schutzgeldfreie Cafés, Restaurants, Supermärkte usw. eingezeichnet sind.

Mutiges Engagement gegen das organisierte Verbrechen zeigt auch **Roberto Saviano.** Der Autor des dokumentarischen Romans ›Gomorra‹ (2006, verfilmt 2008) hatte jahrelang verdeckt ge-

gen die Camorra recherchiert. Sein Buch wurde ein Welterfolg, nun trachtet die Mafia ihm nach dem Leben.

Einer der gefürchtetsten Mafiajäger Palermos ist der Oberstaatsanwalt **Roberto Scarpinato**. Scarpinato sprach 2010 bei den 14. Karlsruher Gesprächen des ZAK (s. Bild) über ›Organisiertes Verbrechen – die Kriminalität im 3. Jahrtausend‹. Messerscharf postulierte er, dass mafiose Systeme längst die Welt im Würgegriff hielten: »Es hat sich eine legal operierende Wirtschaft herausgebildet, die sich aller Regulierung entzieht. Einige Ökonomen nennen sie ›Schurkenwirtschaft‹. «

Via Maqueda und **Corso Vittorio Emanuele** heißen die Hauptverkehrsadern, die sich hier kreuzen und dort hinführen, wo das kosmopolite Flair der alten Weltstadt noch immer spürbar ist. Cassaro nennen die Palermitaner den Corso Vittorio Emanuele, nach dem arabischen Begriff *Al Kasr* (Schloss), denn diese Straße verlief schon damals vom Hafen zum Regierungssitz. **Viale della Libertà** heißt die nördliche Verlängerung der Via Maqueda, eine Allee mit hübschen Cafés, schicken Geschäften und stilvollen Restaurants. Die **Via Roma** entstand im 19. Jh. als zweite Nord-Süd-Achse in Richtung Altstadt, weitere Boulevards sollten eigentlich folgen, kamen jedoch nicht zur Ausführung.

Normannische Prachtentfaltung

Der Corso Vittorio Emanuele führt gen Südwesten zum Königspalast **Palazzo dei Normanni** 1 (Tel. 09 16 26 28 33, www.ars.sicilia.it, Mo–Sa 8.15–17.45, So/Fei 8.15–13 Uhr, letzter Einlass jeweils 45 Min. vorher, Fr–Mo ist auch die 2. Etage zugänglich, Cappella Palatina So/Fei während der Messe 9.45–11.15 Uhr nicht zu besichtigen). Die leichte Erhebung, auf der der Normannenpalast steht, bezeichnet das älteste Siedlungsgebiet Palermos. Ein prunkvolles Schloss (Al Kasr) hatten bereits die Araber im 9. Jh. über phönizischen Grundmauern errichtet. Die Normannen erweiterten die Anlage dann zur Königsresidenz. *Kaiser Friedrich II.* verbrachte hier seine Kindheit. Während seiner Regentschaft avancierte der Palazzo zum Treffpunkt von Gelehrten und Künstlern. Später verfiel die Anlage, und erst die spanischen Vizekönige gaben ihr ab 1555 ein neues Gesicht. Im Jahr 1947 schließlich zog die Regierung der Autonomen Region Sizilien in die Säle und Zimmerfluchten ein. Das Parlament tagt seitdem in der Sala d'Ercole.

Die strenge **Hauptfassade** des Palazzo dei Normanni erhebt sich an der *Piazza della Vittoria* mit dem Denkmal Phillips V. und Blick auf den palmenbestandenen Park *Villa Bonnano*. Aus normannischer Zeit blieb im rechten Abschnitt des Palastes als einziger von vier Türmen die *Torre Pisana* mit ihren schlichten Blendbögen erhalten. Teil der Anlage ist ferner die *Porta Nuova*, ein Triumphtor, das 1583 zur Erinnerung an den Sieg Karls V. in Tunis 1535 errichtet wurde. Die Reliefs an ihrer Außenseite zeigen besiegte Mauren.

TOP TIPP

Der Palazzo dei Normanni selbst birgt ein berühmtes Kleinod arabisch-normannischer Kunst, die **Cappella Palatina**. Von der Rückseite des Gebäudes an der *Piazza Indipendenza* ge-

◁ *Hier begann die Geschichte Palermos – vom Al Kasr zum Palazzo dei Normanni (12. Jh.)*

langt man über einen Innenhof und eine Treppe hinauf zum Eingang dieser Hofkapelle. Roger II. ließ sie 1132–40 in den Palastbezirk einfügen. Hinter ihrer nüchternen *Fassade* öffnet sich ein überwältigender Innenraum. Im dreischiffigen *Langhaus* tragen Marmorsäulen mit korinthischen Kapitellen arabische Spitzbögen. Der Fußboden und die unteren Wandzonen sind reich mit Marmorintarsien und Porphyr geschmückt. Die oberen Wandzonen und Bögen füllen leuchtende Mosaikbilder auf goldenem Grund. Krönender Abschluss ist die hölzerne *Stalaktitendecke*, die aus arabischen Ornamenten und Bildergeschichten dicht gewebt zu sein scheint.

Die ältesten *Mosaike* (um 1145) befinden sich im erhöht liegenden **Chor**. In Stil und Bildsprache folgen die Darstellungen der griechisch-byzantinischen Tradition. In der *Kuppel* gruppieren sich acht Engel um das Bild des Christus Pantokrator, des Weltenherrschers. Darunter treten Propheten, Evangelisten und Könige des Alten Testaments auf. In der *Hauptapsis* erscheint noch einmal der Pantokrator. Die *Seitenapsiden* sind den Aposteln Andreas (links) und Petrus (rechts) gewidmet. Die Wandpartien um die rechte Seitenapsis zeigen Szenen aus dem Leben Christi – besonders schön ist die ›Geburt‹. Fast alle Inschriften und Spruchbänder im Altarraum, bis auf die der im 17./18. Jh. erneuerten Mosaike im unteren Bereich, sind in griechischer Sprache verfasst. Die Mosaike im Langhaus hingegen besitzen lateinische Texte.

Der Bildzyklus des *Mittelschiffs* (um 1160, erneuert im 14. Jh.) zeigt die Episoden des Alten Testaments in chronologischer Abfolge. Beginnend mit der ›Erschaffung der Erde‹ an der rechten Wand

Goldrausch – die Cappellla Palatina König Rogers II. birgt atemberaubend schöne Mosaike

läuft die obere der zwei Bildfolgen auf die linke Wand über, die untere Bildreihe beginnt wieder an der rechten Wand und endet an der linken mit ›Jakobs Kampf mit dem Engel‹. Im *rechten Seitenschiff* ist die Lebensgeschichte des Apostels Paulus dargestellt, im *linken Seitenschiff* die Vita Petri. An der Eingangswand steht der normannische *Königsthron*. Hier saß Roger II. einst in erhöhter Position, quasi Aug' in Aug' mit dem Christus Pantokrator im Chor gegenüber, von dessen Gnaden er seine weltliche Macht ableitete.

Weitere Ausstattungsstücke sind der reich geschmückte *Marmor-Ambo* mit zwei Lesepulten und der *Osterleuchter*, auf dessen Relief Roger II. erneut erscheint, diesmal kniet er vor Christus.

In der zweiten Etage des Palastes, dem Piano nobile, kann man die *Appartamenti Reali* besichtigen. Ihr Glanzlicht ist die **Sala di Ruggero**, der Saal Rogers, mit goldgrundigen *Mosaiken*, die Jäger und wilde Tiere inmitten exotischer Vegetation zeigen. Die Szenen sind jeweils spiegelbildlich aufeinander bezogen.

Vom Palazzo dei Normanni sind es nur wenige Schritte zur kleinen aufgelassenen Kirche **San Giovanni degli Eremiti** 2 (Via dei Benedettini, Tel. 09165150 19, Mo–Sa 9–19, So/Fei 9–13 Uhr) mit ihrem idyllischen Garten. Auffällig sind die fünf roten *Kuppeln*, die sich über dem schmucklosen kubischen Baukörper erheben, das Ganze eine beeindruckende Stilmischung aus arabischen und normannischen Elementen. An dieser Stelle befand sich im 6. Jh. bereits ein Benediktinerkloster, das im 9. Jh. zur Moschee umgebaut wurde. Als Roger II. 1132 den heutigen Bau errichten ließ, kam auch der *Kreuzgang* mit von Zwillingssäulen getragenen Spitzbögen hinzu. In seiner Mitte steht, umgeben von üppigen duftenden Pflanzen und Bäumen, ein arabischer *Brunnen* – im Islam ein Symbol für das irdische Paradies.

Zurück geht es nun zur *Piazza San Giovanni Decollato*. Der hiesige **Palazzo Sclafani** 3 wurde um 1330 im *Chiaramonte-Stil* errichtet, einer Mischung aus arabischen, normannischen und gotischen Elementen. Die elegante *Südfassade* zeigt noch den Originalzustand aus der Erbauungszeit. Im Übrigen wurde der Palast im Laufe der Zeit mehrfach umgebaut, er diente lange als Krankenhaus, später als Kaserne und ist heute Sitz der Militärkommandantur.

An der *Piazza Cattedrale*, die über Jahrhunderte Versammlungsort, Festplatz und Richtstätte Palermos war, erhebt sich der monumentalste Sakralbau der Stadt, die **Cattedrale Maria Santissima Assunta** 4 (tgl. 9–17.30 Uhr, www.cattedrale.palermo.it). Erzbischof *Walter of the Mill* ließ den Dom 1170–85 anstelle einer prächtigen Moschee errichten, die wiederum den Platz einer frühchristlichen Basilika (6. Jh.) eingenommen hatte. Die normannische Kathedrale wurde in den folgenden Jahrhunderten mehrfach umgebaut und stilistisch verändert.

Original erhalten ist allein die mächtige *Choranlage* im Osten mit ihren drei Apsiden. Das zweifarbige Dekorationsmuster besteht aus einem Zinnenkranz und sich überschneidenden Spitzbögen. *Hauptfassade* und Turmaufsätze sind der katalanischen Gotik (14./15. Jh.) zuzuordnen. Bemerkenswert ist vor allem der reich dekorierte *Portalvorbau* mit Maßwerkgiebel. Im Westen erhebt sich zudem ein monumentaler normannischer *Wehrturm*, der nachträglich durch Bögen mit dem Dom verbunden wurde und ebenfalls dekorative Aufsätze erhielt. Bei der klasszistischen Erneuerung 1781–1801 nach den Plänen von *Ferdinando Fuga* kam die elegante Kuppel hinzu.

Wer die Kathedrale durch das *Hauptportal* (15. Jh.) mit seinen geschnitzten Türflügeln betritt, wird überrascht sein von der kühlen Pracht des **Innenraums**.

Kleidsame Kaiserkrone – das Kamelaukion aus der Zeit Friedrichs II. im Domschatz

Erinnerungsort – in der Cattedrale ruhen große Herrscher wie Heinrich VI. und Friedrich II.

Hauptanziehungspunkt sind hier zwei Kapellen links vom Eingang, die als *Grablege* des normannisch-staufischen Königshauses dienen. In dunkelroten Porphyrsarkophagen ruhen: in der hinteren Reihe links *Roger II.* unter einem Baldachin auf mosaikverzierten Säulen, neben ihm seine Tochter *Konstanze*, Gattin Heinrichs VI. und Mutter Friedrichs II. Vorne stehen rechts der Sarkophag *Heinrichs VI.* und links der seines Sohnes *Friedrich II.*, gleichfalls unter prächtigen Baldachinen. Neben dem Grab Heinrichs ist ein antiker Sarkophag in die Wand eingelassen, in dem *Konstanze von Aragon*, die erste Gattin Friedrichs II., beigesetzt wurde.

Rechts vom Chorraum öffnet sich die *Cappella di Santa Rosalia*, die Kapelle der hl. Rosalia, der Schutzpatronin Palermos. Ihre Reliquien ruhen auf dem Altar in einer prächtigen Silberurne von 1631.

Gleich daneben befindet sich der Aufgang zur Schatzkammer **Tesoro della Cattedrale** (tgl. 9.30–17.30 Uhr). Star unter den Exponaten ist die kostbare *Kaiserkrone*. Es handelt sich um ein byzantinisches *Kamelaukion* mit edelsteinbesetztem Hut und langen Ohrgehängen. Die Krone wurde im 18. Jh. im Grab der Konstanze von Aragon gefunden. Unklar ist, ob sie von ihr selbst oder von ihrem Gemahl Friedrich II. getragen wurde.

Weitere sakrale Kunstwerke birgt der benachbarte *Palazzo Arcivescovile*, der Erzbischöfliche Palast: Im **Museo Diocesano di Palermo** 5 (Tel. 09 16 07 72 15, www.museodiocesanopa.it, Di–Fr, So/Fei 9.30–13.30, Sa 10–18 Uhr) kann man mittels qualitätvoller Altarbilder, Kruzifixe und Skulpturen die Stilrichtungen des 12.–19. Jh. studieren. Die Werke stammen von Andrea Veneziano, Francesco Laurana, Giacomo Serpotta und von der großen sizilianischen Bildhauerfamilie Gagini.

Ausstellungen zur Kunst der Gegenwart bietet **Riso – Museo d'Arte Contemporanea della Sicilia** 6 (Corso Vittorio Emanuele 365, Tel. 091 32 05 32, www.palazzoriso.it). Beheimatet ist das Museum im Palazzo Riso (1784), dessen neoklassizistische Hauptfassade auf die *Piazza Bologni* mit der Bronzestatue Karls V. (1630) blickt. Über dem Portal des Palazzo prangt noch das Wappen des Barone Riso, der hier im 19. Jh. residierte. Die permanente Sammlung mit Werken von Andrea di Marco, Francesco de Grandi, Fulvio di Piazza, Christian Boltanski und Richard Long wird ergänzt durch internationale Kunstschauen, einige initiiert von der gleichfalls hier ansässigen *Galleria SACS*, die sich der jungen Kunstszene Siziliens verschrieben hat. Ein weiteres Glanzlicht ist das schön gestylte Riso Café.

Im Herzen der Altstadt

Ein Stück weiter südlich, im alten Handwerkerviertel Albergheria, lockt die **Piazza Ballarò** 7 mit der *Torre di San Nicolò* (Di–Sa 9.30–12.30 Uhr). Von der Aussichtsetage des Turms hat man einen schönen Blick auf das Markttreiben des *Mercato Ballarò* (Mo–Sa 8.30–17.30 Uhr), welcher sich mit seinen kunterbunten Ständen durch die umliegenden Straßen zieht.

Im Herzen der Altstadt öffnet sich die *Piazza Vigliena*, die jeder **I Quattro Canti** 8 nennt. Die vier Kanten der beiden sich hier kreuzenden Straßenzüge Via Maqueda und Corso Vittorio Emanuele (Cassaro) schmückte *Guido Lasso* 1606–20 mit prächtigen Fassaden, die sich zu einem bühnenartigen Architekturensemble vereinen. In den jeweils drei Stockwerken werden die drei klassischen Säulen- und Pilasterordnungen dorisch, ionisch und korinthisch vorgeführt. Die Erdgeschosse mit ihren Brunnen sind von Skulpturen bevölkert, den Personifikationen der *Vier Jahreszeiten*. In den Nischen der ersten Geschosse erscheinen die *spanischen Könige* (Karl V. sowie Philipp II., III. und IV.). In den Obergeschossen stehen die vier Schutzheiligen der Stadtviertel (Cristina, Ninfa, Oliva, Agata).

Gleichfalls wie eine Theaterkulisse bietet sich die benachbarte **Piazza Pretoria** 9 mit dem Brunnen *Fontana Pretoria* dar, einem manieristischen Mammutwerk aus 644 Marmorteilen, dem schon *Johann Wolfgang von Goethe* jegliche Schönheit absprach. Entstanden war der Brunnen mit seinen zahlreichen nackten Göttern und Nymphen um 1555 für die Florentiner Villa des Vizekönigs von Neapel. Als dieser jedoch die Annahme des zweifelhaften Kunstprodukts verweigerte, entschied sich 1573 die Stadt Palermo zum Kauf. Die Südflanke der Piazza Pretoria nimmt der frühere Senatorenpalast *Palazzo Senatorio* (1463) ein. Er beherbergt heute das **Municipio** (Rathaus).

Die Theatinerkirche **San Giuseppe dei Teatini** (www.sangiuseppeteatini.arcidiocesi.palermo.it, Mo–Sa 7.30–12 und 17.30–20.15, So/Fei 8.30–13 und 18–20.30 Uhr) im Westen wurde im 17. Jh. über der Vorgängerkirche Madonna della Provvidenza erbaut, die seitdem als Krypta fungiert. Im Schatten der bunten Majolikakuppel (18. Jh.) betritt man den opulent ausgestatteten *Innenraum* der dreischiffigen Basilika und bewundert den üppigen barocken Stuckdekor und die farbenfrohen lebensvollen Deckenmalereien.

Die einschiffige Kirche **Santa Caterina** (Mo–Sa 9.30–13 und 15.30–19, So/Fei 9.30–13 Uhr) an der Ostseite, im 16. Jh. von Dominikanerinnen in Auftrag gegeben, blickt mit ihrer Hauptfassade bereits auf die benachbarte **Piazza Bellini**. Das *Innere* der Kirche begeistert durch opulentes Dekor. So sind die Pilaster unter den nach Art antiker Triumphbögen verkröpften Gesimsen mit üppigen Reliefs verziert,

Platzgreifend – die figurenreiche Fontana Pretoria vor der Barockkirche Santa Caterina

Bühnenbild mit Königen und Heiligen – die skulpturengeschmückte Piazza Quattro Canti

auf denen sich energiegeladene Putti ausgelassen tummeln.

Die Glanzpunkte der Piazza Bellini sind zwei bemerkenswerte Kirchen aus der Normannenzeit, die auf einer 2 m hohen Terrasse stehen. Die kleine **San Cataldo** 10 (Mo–Fr 9.30–13 und 15.30–18, Sa/So/Fei 9.30–13 Uhr) ist ein arabisch-normannisches Meisterwerk (um 1154), dessen drei grazile *Kuppeln* über dem kubischen Baukörper mit Zinnenkranz zu schweben scheinen. Beachtung verdienen auch die spitzbogigen Fenster mit ihren geometrischen Mustern. Im schlicht-schönen *Inneren* begeistert das Zusammenspiel von Mosaikfußboden, Kuppeln, Kreuzgratgewölbe und antiken Säulen. Bauherr war *Maione da Bari* († 1166), der Admiral König Wilhelms I.

Bereits aus der Regierungszeit Rogers II. (1122–66) stammt **La Martorana** 11 (Mo–Sa 8.30–13 und 15.30–18, So/Fei 8.30–13 Uhr). Ursprünglich hieß die Kirche nach ihrem Erbauer, dem Großadmiral Georg von Antiochien († 1151), *Santa Maria dell' Ammiraglio*. Dieser weihte den Bau 1143 der Gottesgebärerin, Theotokos. 1435 erfolgte die Angliederung der Kirche an ein Benediktinerkloster der Eloisia Martorana. Noch heute finden in der Martorana Gottesdienste nach griechisch-orthodoxem Ritus statt. Die byzantinische Kreuzkuppelkirche, ein Zentralbau, wurde noch im 12. Jh. durch Campanile, Hof und Narthex (Vorhalle) ergänzt. Dieser Baubestand avancierte bei späteren Umbauten zum dreischiffigen Langhaus. Im 17. Jh. erneuerte man Fassade und Hauptchor und fügte barocke Fresken hinzu.

Im Inneren sind zunächst die beiden *Widmungsmosaike* im Eingangsbereich von besonderem Interesse. Links vom Treppenaufgang erscheint der Stifter Georg von Antiochien in demütiger Pose vor der Gottesmutter, die eine Schriftrolle hält. Rechts wird Roger II. von Christus gekrönt. Roger hat sich hier einen Bildtyp aus der byzantinischen Herrscherikono-

Grazile normannische Raumkunst – Blick in Kuppeln und Chor von San Cataldo

Die Engel nähern sich Christus mit verhüllten Händen – Kuppelmosaik in La Martorana

graphie angeeignet – was vom Selbstbewusstsein des Normannen zeugt.

Byzantinisch beeinflusst sind auch die güldenen Mosaike im *Kuppelraum*. Im Scheitel thront *Christus Pantokrator*. Vier Erzengel huldigen ihm – nach byzantinischer Hofetikette mit verhüllten Händen. Darunter erscheinen Propheten und in den Kuppelnischen die Evangelisten. Zu den Szenen aus dem *Marienleben* gehören die ›Verkündigung‹ am Triumphbogen sowie ›Geburt Christi‹ und ›Tod Mariens‹ in den Tonnengewölben.

Hafenviertel La Kalsa

Der Corso Vittorio Emanuele führt direkt zu **La Cala**, zum einstigen Fischerhafen, und ins alte Hafenviertel La Kalsa, das sich heute als ein In-Viertel mit neuen Lokalen zwischen Barockpalästen und urigen Werkstätten präsentiert. In dem früheren Armenviertel wuchsen die Mafiajäger, Richter *Paolo Borsellino* (1940–1992) und Staatsanwalt *Giovanni Falcone* (1939–1992) auf, die beide Attentaten zum Opfer fielen. Und hier drehte *Wim Wenders* 2008 seinen Film ›Palermo Shooting‹.

So wohnten sizilianische Prinzen – der Prunksaal des Palazzo Mirto im Stil des 18./19. Jh.

Doch zunächst überquert man von der Piazza Bellini aus die Via Roma und trifft auf die **Galleria d'Arte Moderna (GAM)** 12 (Via Sant'Anna 21, www.galleriadartemodernapalermo.it, Di–So 10–18.30 Uhr) im einstigen Kloster Sant'Anna. Unter den Exponaten sind Historiengemälde, Landschaften und Genrebilder des 19./20. Jh., welche das Sizilien vergangener Tage wieder lebendig machen. Man sieht Impressionen aus Palermo, von den Tempeln in Selinunt oder den Salinen bei Trapani. Ein Glanzstück ist das dem magischen Realismus zugehörige ›Selbstporträt‹ (1936) von *Renato Guttuso*.

In die Lebenswelt des sizilianischen Adels entführt der nahe **Palazzo Mirto** 13 (Via Merlo 2, Tel. 09 16 16 47 51, Mo–Sa 9–19, So/Fei 9–13.30 Uhr). Das im Stil des 18./19. Jh. ausgestattete Palais der Prinzen *Filangeri* verfügt über hinreißend gestaltete Säle im Piano nobile, gediegene Privatgemächer in der zweiten Etage und eine zünftige Küche. Freunde der Mobilität wird die Kutschensammlung begeistern.

Zu den Juwelen des Viertels La Kalsa gehört auch die 1277 geweihte Kirche **San Francesco d'Assisi** 14 (Mo–Sa 7–18, So/Fei 8–12 Uhr). Die Fassade präsentiert ein schönes gotisches Portal (1302) und eine fein reliefierte Rosette. Der dreischiffige *Innenraum* wird von gotischen Spitzbögen über romanischen Rundpfeilern beherrscht. Bemerkenswert sind ferner das Chorgestühl von 1524, einige Skulpturen und Reliefs (16. Jh.) der Bildhauer-Familie Gagini, und Giacomo Serpottas Figuren der Tugenden von 1732. Glanzstück der Ausstattung aber ist die *Cappella Mastrantonio* (4. Kapelle lks.), deren Portalgewände mit meisterhaften Reliefs (1468) von *Francesco Laurana* verkleidet ist.

TOP TIPP Das benachbarte **Oratorio di San Lorenzo** 15 (Via dell'Immaculata 5, Tel. 09 16 11 81 68, tgl. 10–18 Uhr) ist ein 1596 von *Giacomo Serpotta* (1656–1732) gestalteter Gebetssaal für eine Franziskaner-Bruderschaft. Die Wände bersten vor üppigen Ornamenten, leidenschaftlich gestikulierenden Figuren und übermütig spielenden Putten. Verschiedentlich öffnen sich tiefe Rahmen, in denen bis zur Exaltiertheit erregte Figuren Geschichten der hll. Franziskus und Lorenz im Stile von Wagneropern in Szene setzen. Insgesamt wohl die gelungenste Schöpfung Serpottas.

Mit gewaltigen Feigenbäumen (Ficus macrophylla) beeindruckt der Giardino Garibaldi an der *Piazza Marina*. Auffallend schön ist auch der hiesige **Palazzo Chiaramonte Steri** 16 (Tel. 09 16 07 53 06, www.palazzosteri.it, Di–Sa 9–13 und 14.30–18.30, So 10–14 Uhr), heute einer der Standorte der *Università degli Studi di Palermo*. Die Adelsfamilie Chiaramonte spielte in Politik und Wirtschaft Siziliens eine wichtige Rolle. Ihr ab 1307 errichteter Palast mit dem wehrhaft verschlossenen Erdgeschoss und den anmutig verzierten mehrbogigen Fenstern im Obergeschoss wirkte stilbildend, daher der Name *Chiaramonte-Stil*. Doch schon 1396 nahm es mit der erfolgsgewohnten Familie ein grausames Ende. Denn Andrea, der letzte Chiaramonte, wurde wegen Rebellion gegen den König vor dem Palazzo enthauptet. Später residierten hier der spanische Vizekönig, dann Inquisitionsgericht bzw. Gerichtshof. Das eindrucksvolle *Innere* birgt Säle mit Holzdecken, fröhlich ornamentierten, erzählfreudigen Fresken und anderen Relikten der Originalausstattung. Auch das berühmte Gemälde ›La Vucciria‹ (1974) von *Renato Guttuso* kann man heute hier bewundern.

Sizilianische Geselligkeit – Versammlung der Pupi im Museo delle Marionette

TOP TIPP Nahebei bietet das **Museo Internazionale delle Marionette Antonio Pasqualino** 17 (Piazzetta Antonio Pasqualino 5, Tel. 091 32 80 60, www.museomarionettepalermo.it, Mo–Fr 9–13 und 14.30–18.30, So 10–14 Uhr) Einblicke in die Geschichte der *Opera dei Pupi*, des sizilianischen Marionettentheaters. Man sieht farbenfrohe Bühnenbilder und aufwendig kostümierte Puppen. Zu den Stars zählen kampflustige Ritter aus dem Gefolge des tapferen Ruggero (s. u.), die gegen die Sarazenen kämpfen. Historische Spiel- und Stabpuppen aus Indonesien, Indien und Afrika vervollständigen die Sammlung. Zum Rahmenprogramm gehören Führungen und Theaterevents.

Nördlich erhebt sich die monumentale **Porta Felice** 18 mit Blick auf den Hafen. Das barocke Tor, ein nach oben offener Triumphbogen, wurde 1582 als Pendant zur Porta Nuova im Westen errichtet. Am Wasser, jenseits der Straße, liegt das **Foro Italico** 19, ein Park mit Palmengarten, Spazier- und Radwegen und herrlichem Panoramablick. Seit 2010 steht im Süden das *Nautoscopio*, ein Observatorium in Schiffsform, das auf 15 m hochgezogen und um 360 Grad gedreht werden kann.

Doch zurück ins Viertel La Kalsa, denn hier bietet der **Palazzo Abatellis**, ab 1490 in katalanisch-spätgotischem Stil nach Entwürfen Matteo Carnelivaris errichtet, mit der **Galleria Regionale della Sicilia** 20 (Via Alloro 4, Tel. 0916230011, www.regione.sicilia.it/beniculturali/palazzoabatellis, Di–So 9–13.30 und 14.30–18.30 Uhr) eine hochkarätige Sammlung des 13.–18. Jh. Bis 1943 hatte hier ein Dominikanerkloster seinen Sitz. In der früheren Kapelle erinnert das episodenreiche Fresko ›Triumph des Todes‹ (15. Jh.) aus dem Palazzo Sclafani [s. S. 24] an die Vergänglichkeit des Lebens. Zu den weiteren Glanzpunkten gehören Werke *Antonello da Messinas,* die herzergreifende ›L'Annunziata‹ (Verkündigung, 1474) sowie die innigen Porträts der Kirchenväter Augustinus, Gregor und Hieronymus von 1473. Barocken Pathos verbreiten *Anthonis van Dycks* ›Maria mit Kind‹ und ›Hl. Rosalia‹. Die Skulpturensammlung brilliert mit Werken der *Gagini* (16. Jh.) und mit *Francesco Lauranas* Büste der ›Eleonora von Aragon‹ (um 1471).

Entzückend entrückt – Francesco Lauranas ›Eleonora von Aragon‹ im Palazzo Abatellis

Durch die *Via dello Spasimo* erreicht man die Piazza Spasimo mit der Kirche **Santa Maria dello Spasimo** 21. Durch ein weit geöffnetes Tor betritt man das von der Sonne beschienene, von weißen Säulen gerahmte Mittelschiff. Eine kleine Ausstellung erzählt die Geschichte des Baus: Ende des 16. Jh. wurden die Arbeiten an dem Gotteshaus eingestellt, bald wuchsen Bäume hier in den Himmel. Die bereits überdachten Seitenschiffe dienten mal als Getreidelager, mal als Hospital, mal als Altersheim. Heute finden in diesem romantischen Ambiente an Sommerabenden *Theater- und Musikevents* statt.

Südlich der Via Abramo Lincoln gelangt man erneut ins Grüne. Der hübsche Park **Villa Giulia** 22 wurde 1778 von Nicolò Palma als Rokokogarten angelegt. Hier spielen heute Kinder und träumen Liebespaare vor kopflosen Statuen.

Gleich nebenan lädt der 1789 eröffnete **Orto Botanico** 23 (www.ortobotanico.palermo.it, tgl. 9–18 Uhr, im Sommer länger) mit Riesenbambus und Yuccas, Palmen

Helden aus Holz

Das Gute siegt, der Gute – Ritter **Ruggero** – auch, darauf ist Verlass. Vorausgegangen sind Morddrohungen und Hilfeschreie, und manchmal fliegt sogar ein Schuh auf die Bühne. Das Publikum erlebt den Kampf gegen die **Sarazenen** leidend mit – es sind meist Erwachsene, die das Treiben der **Stangenmarionetten** verfolgen. Franzosen sollen die Rittersagen nach Sizilien gebracht haben, u. a. das **Rolandslied** aus dem Mittelalter, das hier zum Gemetzel der Mutigen gegen die Gottlosen wurde, zur Geschichte der unglücklichen Liebe Ruggeros zur schönen **Angelica**.

Marionettentheater gibt es in Palermo, Monreale, Acireale und Syrakus. Während der Saison finden Vorstellungen für Touristen statt, manchmal mischen sich auch Sizilianer unter die Zuschauer. Wer könnte die mutigen Paladine Karls des Großen auch besser anfeuern.

und Oleander, Hibiskus und Tamarisken zum Staunen ein. Großblättrige Feigenbäume (Ficus macrophylla) heißen die Riesen, die zahllose Luftwurzeln bis auf die Erde hinunterschicken und dort als Nebenstämme verankern. Wie eine Parade dickbauchiger Flaschen stehen die mit Brettwurzeln und Stacheln versehenen Kapokbäume (Ceiba pentandra) Spalier.

La Vucciria und San Domenico

Nun geht es in nördlicher Richtung noch einmal über den Corso Vittorio Emanuele zum **Mercato della Vucciria** 24, kurz La Vucciria, Palermos größtem und berühmtesten Markt, der sich kunterbunt durch die Gassen bis zum Hafen hinzieht. Sein Warenangebot ist vielfältig und reicht von Käse, Fleisch und Fisch über Obst und Gemüse bis zu Kleidung, Schuhen und DVDs. Man sieht Artischocken und Auberginen, Zitronen und Orangen, Seeigel und Schwertfisch, Oliven und Kapern, Mandeln und Pistazien. Auch der Geruchssinn kommt nicht zu kurz: Es duftet nach Knoblauch und Basilikum, nach frischem Fisch und eingelegten Tomaten. Interessant sind nicht zuletzt die Stände, an denen Imbiss-Spezialitäten aus Meeresfrüchten, Innereien, Lamm- oder Kalbfleisch frisch zubereitet werden.

TOP TIPP

Die Piazza San Domenico wird dominiert von der Kirche **San Domenico** 25 (Tel. 091 32 95 88, tgl. 9–11.30, Sa/So auch 17–19 Uhr). Sie war die erste Dominikanerkirche Palermos (1458–80), doch in ihrer heutigen Form präsentiert sie sich als bildschöne Barockkirche des 17. Jh. Die bereits vom Rokoko beeinflusste *Fassade* entstand 1726. San Domenico ist Grablege und Pantheon berühmter Sizilianer, darunter sind der Maler Pietro Novelli (1603–1647), der Historiker und Orientalist Michele Amari (1806–1889) und der Revolutionär und spätere Ministerpräsident Francesco Crispi (1819–1901). Zur Ausstattung gehören Gemälde und Skulpturen von Paolo Amato, Antonello Gagini und Andrea Carrera. Links vom Hauptportal gelangt man in den schönen *Kreuzgang* (Mo–Fr 9–13 Uhr), der zu einem meditativen Rundgang einlädt.

Das **Oratorio di San Domenico** 26 (Via Bambinai 2, Tel. 091 60 93 08, Mo–Sa 9–13.30 Uhr) auf der Rückseite der Kirche wurde 1578 von der Rosario-Bruderschaft in Auftrag gegeben, zu der die bedeutendsten Händler und Künstler der Stadt gehörten. *Anthonis van Dyck* malte die ›Madonna del Rosario‹ (1628), die Rosenkranzmadonna. Die feinen weißen Stuckarbeiten (1717) an Decken und Wänden sind Meisterwerke von *Giacomo Serpotta*. Ins Auge fallen vor allem die ovalen Stuckreliefs im oberen Wandbereich. Sie zeigen Szenen aus dem Alten Testament, darunter die ›Apokalypse‹, und erweisen sich als Kompositionen von hinreißender Plastizität und frappierender Dramatik.

Ein weiteres Gesamtkunstwerk Serpottas, diesmal von 1688, birgt das **Oratorio**

Filmreif arrangiert – Straßenszene in der Vucciria mit Kräutern, Küchengerät und Karossen

Magische Momente – Flaneure vor dem festlich erleuchteten Opernhaus Teatro Massimo

di Santa Cita 27 (Via Valverde 3, hier Kombiticket für beide erhältlich, Mo–Sa 9–13 Uhr) im Hof der *Chiesa di Santa Cita* ein Stück weiter nördlich. Bewegte Kompositionen vergegenwärtigen hier die Passion Christi und das Marienleben, wieder im Bezug auf die Mysterien des Rosenkranzes. Im Mittelpunkt aber steht die ›Seeschlacht von Lepanto‹, der Sieg der christlichen Liga über die Türken im Jahr 1571. Dieser Triumph wird bildlich mit der ›Auferstehung Christi‹ verknüpft.

Streifzug durch die Antike

TOP TIPP Über die Via Roma geht es weiter zum **Museo Archeologico Regionale Antonino Salinas** 28 (Piazza dell'Olivella 24, Tel. 09 16 11 68 06, www.regione.sicilia.it/beniculturali/salinas, Di–Fr 8.30–13.45 und 15–18.45, Sa–Mo 8.30–13.45 Uhr). Die aus dem 1814 gegründeten Museo del Università hervorgegangene Antikensammlung ist seit 1866 im früheren Kloster San Filippo Neri, genannt Olivella, untergebracht.

Hinter der vornehmen Fassade öffnen sich zwei hübsche Kreuzgänge mit Brunnen und Pflanzen. Der *kleine Kreuzgang* ist mit antiken Schiffsankern bestückt. In den angrenzenden Räumen werden Funde ägyptischen und phönizischen Ursprungs ausgestellt. Der ›Stein von Palermo‹, ein schwarzer Diorit, zeigt ägyptische Herrscherlisten des 4./3. Jt. v. Chr. Phönizier schufen den Männertorso und die feinen Sarkophage in Menschengestalt (6./5. Jh. v. Chr.), die den Einfluss der griechischen Kunst verraten.

Durch den *großen Kreuzgang*, in dem römische Bestände gezeigt werden, gelangt man in die *griechischen Säle*. Aus archaischer Zeit stammt das tönerne *Tympanon* (570/560 v. Chr.) des Herakles-Tempels von Selinunt mit dem Furcht erregenden Gesicht der Gorgo Medusa. Zum *Siegestempel* (480 v. Chr.) von Himera gehören die Dachtraufen mit Löwenkopf-Wasserspeiern im nächsten Saal.

Im *Saal von Selinunt* sind die bedeutendsten Funde versammelt. Vom *Herakles-Tempel* stammen die *Metopen* an der linken Wand. Diese Schmuckplatten waren Teil des auf den Säulen ruhenden Gebälks und wie der Rest des Tempels aus Kalkstein, verputzt und bunt bemalt. Auf den Relieffeldern sieht man Szenen aus der griechischen Mythologie: Apollon und Artemis auf dem Viergespann des Sonnengottes, Perseus enthauptet Medusa im Beisein der Athena, Herakles bändigt die Kerkopen, ein diebisches Zwillingspaar. Während diese Darstellungen in ihrer Frontalität und Strenge der *Archaik* zugehören, zeigen die Metopen des *Hera-Tempels* an der Stirnwand die Stileigenschaften der *Klassik*: schöne, wohl proportionierte Körper, dramatisch oder innig inszenierte Szenen und dreidimensionale Bildräume. Auf dem Programm stehen: Herakles im Kampf mit einer Amazone. Die Hochzeit von Zeus und Hera. Artemis verwandelt Akteion in einen

Hirsch, den ihre Hunde zerfleischen. Athena tötet den Giganten Enkelados. Ein weiteres Glanzprodukt der Klassik ist die Bronzefigur des *›Epheben von Selinunt‹* (um 470 v. Chr.) in der Saalmitte. Etruskische Kunst aus dem toskanischen Chiusi füllt die übrigen Räume.

Im *ersten Obergeschoss* sind römische Skulpturen und Porträts aus dem 1.–3. Jh. n. Chr. sowie griechische Skulpturen und Grabreliefs versammelt. Zu den Meisterwerken gehört der überaus naturnahe *Bronze-Widder* (3. Jh. v. Chr.) aus Syrakus.

Im *zweiten Obergeschoss* sieht man Kopien von Felszzeichnungen aus den Addaura-Grotten, aus der Niscemi-Grotte am Monte Pellegrino und von der Insel Levanzo. Ferner werden *griechische Keramik* (6.–4. Jh. v. Chr.) sowie römische Mosaike und Fresken ausgebreitet.

Theatergeschichten und Flaneure

Durch die Via Cavour schlendert man zur Piazza Giuseppe Verdi mit dem **Teatro Massimo** 29 (Tel. 09 16 09 08 31, www.teatromassimo.it, Führungen tgl. 10–14.30 Uhr). Das klassizistische Opernhaus nach Plänen von *Giovanni Battista Basile* war erst 1897, nach 22 Jahren Bauzeit, vollendet. Entstanden war das größte und bedeutendste Opernhaus Italiens nach der Mailänder Scala. Nicht weniger langwierig war übrigens die Restaurierung der Bühne, sie dauerte 23 Jahre und kam erst 1997 zum Abschluss. Heute werden hier die Klassiker des italienischen Musiktheaters und Balletts modern inszeniert.

Wer westlich des Massimo von der Via Volturno zur Porta Carini spaziert, stößt zwischen der *Via Porta Carini* und der *Via Sant'Agostino* auf den **Mercato del Capo** 30, einen weiteren erlebenswerten Markt Palermos. Nördlich des Theaters wiederum öffnet sich die **Piazza Ungheria** 31. Sie war häufig Ziel des *Grafen Giuseppe Tomasi di Lampedusa* (1896–1957), Autor des Erfolgsromans ›Il Gattopardo‹ (1958). Ins *Caffè Mazzara* [s. S. 37], wo es sizilianische Verführungen wie Cannoli gibt, soll er sich bei einer Melonen-Granita zum Schreiben zurückgezogen haben.

Die *Via Ruggero Settimo* mit ihren hübschen Geschäften führt zum Theater **Politeama Garibaldi** 32 (Tel. 091 58 80 01, www.orchestrasinfonicasiciliana.it), das seit 2001 Sitz des *Orchestra Sinfonica Siciliana* ist. Der klassizistische Bau entstand 1867–74 nach Entwürfen von Giuseppe Damiani Almeydas. Mario Rutelli schuf die temperamentvolle bronzerne *Quadriga* (1874) über dem Portal. Auf der **Piazza Castelnuovo** gleich gegenüber, im Schatten des entzückenden Musikpavillons *Palchetto della Musica* (1875), treffen sich junge Palermitaner zum Gespräch und Flirt, während erschöpfte Shopper auf den Bänken ausruhen.

Diese kommen vielleicht von der Flaniermeile **Viale della Libertà** 33, wo sich Hotels und Restaurants, Cafés und Modegeschäfte aneinanderreihen. *Richard Wagner*, der 1881/82 wiederholt in Palermo weilte, soll die Allee einst die Champs-Elysées Siziliens genannt haben.

Museo Archeologico – Metopen wie die ›Entführung der Europa‹ erzählen Göttergeschichten

Königsresidenz La Zisa – orientalische Prachtentfaltung für normannische Herrscher

Luxus und Kuriositäten

Inmitten üppig grüner Gärten, aus denen Zitronen und Orangen leuchteten, lag westlich des Zentrums das *Lustschloss* der normannischen Könige, von Wilhelm I. 1165 begonnen und von seinem Sohn Wilhelm II. 1167 vollendet. **La Zisa** 34 (Piazza Zisa, April–Okt. Mo–Sa 9–19, So/Fei 9–13.30 Uhr) – der Name ist auf das arabische ›al aziz‹ (edel, strahlend) zurückzuführen – erinnert mit ihrem mächtigen kubischen Baublock an die nordafrikanische Architektur der Fatimiden. Das strenge *Äußere* mit hohen Blendarkaden und schlanken Fassadentürmen lässt an eine Festung denken. Nur die *Hauptfassade* verrät den dreigeschossigen Aufbau und ist durchfenstert. Vor dem mittleren und größten der drei spitzbogigen *Portale* öffnet sich ein Becken, welches das Wasser aus dem Paradiesbrunnen im Palast auffing. Der Pavillon in der Mitte des Beckens, von dem man noch Reste sieht, war über einen Steg erreichbar. Von hier floss das Wasser durch einen Kanal in den Park, der im Jahr 2005 zu Füßen der Zisa in modernem Stil rekonstruiert wurde, samt Kanal und Kaskaden.

Galerie der Verblichenen – Mumien in den Katakomben des Convento dei Cappuccini

Am Eingang der Zisa gewahrt man eine arabische *Inschrift*, die den Ort und das irdische Paradies preist, das sich von hier aus erschließt, das Meer und den Berg (den Monte Pellegrino). Als Märchen aus 1001 Nacht erweist sich auch das *Innere* des Palastes. Zentrum des Erdgeschosses ist der *Brunnensaal*, der mit kostbaren Mosaiken und einer Stalaktitendecke geschmückt ist. Vom *Brunnen* in der Rückwand floss das Wasser durch den Saal in einige Becken und durch Kanäle nach draußen. Diese Wasserkühlung und die Ventilationssysteme in den Fassadentürmen weisen darauf hin, dass es sich bei der Zisa um eine Sommerresidenz handelte. Auch die *Wohnräume* der beiden Obergeschosse waren zum Teil mit Mosaiken verziert. Im 2. Stock diente ein königlich geschmücktes *Atrium* als Terrasse, es wurde aber später überdacht. Das heute in der Zisa beheimatete **Museo d'Arte Islamica** zeigt überwiegend Exponate aus normannischer Zeit (11./12. Jh.), darunter Keramik und Alltagsgegenstände, welche vom Einfluss der arabisch-islamischen Kultur auf Sizilien zeugen.

Weiter südlich, an der Piazza Cappuccini, erhebt sich das 1621 eingerichtete Kapuzinerkloster **Convento dei Cappuccini** 35. Seine unterirdischen *Catacombe* (tgl. 9–12, April–Okt. auch tgl. 15–17 Uhr) offenbaren sich als makabre Galerie, in der etwa 8000 Tote zur Schau gestellt sind. Es handelt sich um bekleidete Mumien, natürlich Mönche, ferner Laien beiderlei Geschlechts und sogar einige Kinder. Sie alle sind in beruflich-thematisch geordneten Abteilungen auf Stehplätzen entlang der Wände aufgereiht. Leisten konnten sich diese aus dem spanischen Kulturkreis stammende Bestattungsform nur wohlhabende Palermitaner. Die Verblichenen wurden von ihren Familien regelmäßig besucht und auch neu eingekleidet, heute wirken sie eher wie verstaubte Puppen. 1881 erging schließlich ein Verbot, das dem Mumifizieren Einhalt gebot.

Noch einmal gen Süden, dort, wo vom Corso Calatafimi die Via Aurelio Zankle abzweigt, steht noch auf dem Gelände des einstigen Königlichen Gartens, der La Zisa umfing, ein weiterer Königspalast, die 1180 für Wilhelm II. erbaute **La Cuba** 36 (Di–Sa 9–19 So/Fei 9–13 Uhr). Auch hier findet man einen kubischen Baukörper vor, mit Blendbögen, Fassadentürmen und spitzbogigen Fenstern im arabisch-normannischen Stil. Das Innere der Cuba ist heute allerdings nicht viel mehr als eine leere Hülle.

Über den Corso dei Mille im Südosten Palermos und über die normannische Brücke *Ponte dell'Ammiraglio* (1113) führt der Weg zur Kirche **San Giovanni dei Lebbrosi** 37, die Roger I. 1071 als erstes Gotteshaus, damals noch vor der Stadt, errichtet ließ. Ab dem 12. Jh. war sie Teil eines Leprosenhospitals, daher der Name. Der aus der Westfassade vorspringende Turm und die Vierung vor dem Dreiapsiden-Chor sind mit je einer roten maurischen Kuppel bekrönt. Das *Innere* der normannischen Pfeilerbasilika beeindruckt durch klare, strenge Formensprache und ein gewaltiges Raumgefüge.

Vor dem Abschied von Palermo ist der Besuch des **Monte Pellegrino** 38 (606 m) angemessen. Entweder man nimmt einen der Busse vom Zentrum hinauf oder erkundet auf dem alten *Pilgerpfad* (1 Std., 350 Höhenmeter) das wildromantische Ambiente des Berges, der seit 1996 Teil eines Naturschutzgebietes (www.riservamontepellegrino.palermo.it) ist. Auf dem Weg nach oben bieten sich jede Menge herrliche Panoramablicke auf Palermo und die Conca d'Oro. Zielpunkt ist

TOP TIPP

auf 458 m das **Santuario di Santa Rosalia** (tgl. 7–18.30 Uhr), die Kultstätte der Schutzpatronin Palermos, die hier in einer Felsgrotte verehrt wird. Rosalia (* 1130) soll in dieser Höhle als Einsiedlerin gelebt haben und hier auch 1166

Santa Rosalia – die Schutzpatronin Palermos lebte als Einsiedlerin auf dem Monte Pellegrino

gestorben sein. Der Legende nach erschien sie am 15. Juli 1624 anderen Einsiedlern und wies ihnen den Weg zur Höhle. Man brachte ihre Gebeine nach Palermo, woraufhin die Pest, die gerade in der Stadt wütete, gebannt war. 1625 baute man in die Grotte eine kleine Kirche hinein, die noch heute mit zahllosen *Votivgaben* geschmückt und mit Bitt- und Dankbriefen versehen ist.

Johann Wolfgang von Goethe war des Lobes voll über Anmut und Liebreiz der *Statue* der Santa Rosalia, ein Geschenk Karls III. von Bourbon. Im Juli feiert Palermo das Fest seiner Heiligen mit einer Prozession, und im September pilgern Tausende hinauf zur Grotte. Keine 200 m sind es von hier bis zum **Gipfel** des Monte Pellegrino, von dem der Blick bei klarem Wetter sogar bis zum Ätna reicht.

Fromme Feste

Wenn vom 11. bis 15. Juli das Fest der Stadtpatronin **Santa Rosalia** gefeiert wird, ist ganz Palermo unterwegs. Dann schieben sich die Massen an dem großen, schweren Prozessionswagen vorbei, der zwischen Cattedrale und I Quattro Canti bewegt wird. Höhepunkt ist das abendliche **Feuerwerk** am Hafen, das mit seinen Lichterkaskaden die Stadt verzaubert. Aber erst am Abend des **3. September** zieht eine gespenstische Fackelprozession zum Rosalia-Wallfahrtsort auf den **Monte Pellegrino** hinauf, und die ganz Frommen pilgern den langen Weg zu Fuß über die Strada Vecchia. Bußfertigkeit wird auf den letzten Stufen auf Knien rutschend demonstriert.

Allerseelen wiederum, das Totenfest am 2. November, ist auf Sizilien ein fröhliches, mit Ungeduld erwartetes Kinderfest. Schließlich sind die Wunschzettel längst geschrieben, und die guten Seelen der Toten bestens darüber informiert, was die Nachkommen sich wünschen, wenn dann endlich Bescherung ist. Straßenhändler verkaufen knochentrockenes Gebäck mit Zuckerguss, die **Pasta dei Morti**. Und nicht minder makaber mag es manchem Fremden scheinen, dass viele Familien mit ihren Kindern die Katakomben besuchen, wo die Kleinen die Mumien berühren dürfen – ein erster Kontakt zum Jenseits.

Praktische Hinweise

Information

AAPIT, am Flughafen, Punta Raisi, Cinisi, Tel. 091 59 16 98. – Stazione di Palermo Centrale, Tel. 09 16 16 59 14. – An der Piazza Castelnuovo 34, Palermo, Tel. 09 16 05 83 51, www.aapit.pa.it, palermotourism.com

Flughafen

Aeroporto Falcone-Borsellino, Punta Raisi, Cinisi, ca. 30 km westlich, Tel. 09 17 02 01 11, www.aeroporto.palermo.it. Der Zug Trinacria Express verkehrt in etwa 45 Min. zum Hbf. Es gibt zudem regelmäßige Busverbindungen.

Bahnhof

Stazione di Palermo Centrale, Piazza Giulio Cesare. Zugauskunft erhält man per Computer-Terminal.

Stadttouren

City Sightseeing, Politeama Garibaldi, Via Emerico Amari 142, www.city-sight seeing.com, tgl. 9.30–17 Uhr alle 30 Min. Rundfahrt im roten Doppeldeckerbus auf zwei Routen.

Einkaufen

La Rinascente, Via Roma, Piazza San Domenico, Palermo, Tel. 09 16 01 78 11, www.rinascente.it/palermo, tgl. 9–21, Food Hall bis 24 Uhr. Schickes Kaufhaus mit Mode, Design und Gourmetküche. Den Aperitif kann man auf der Dachterrasse bei Panoramablick genießen.

Hotels

TOP TIPP ****Centrale Palace**, Corso Vittorio Emanuele 327, Palermo, Tel. 091 33 66 66, www.centralepalace hotel.it. Opulenter Palazzo aus dem 18. Jh. von nostalgischer Anmut mit Fresken, Skulpturen, edlem Dekor und Mobiliar. Herrliche Dachterrasse.

****Excelsior Hilton Palermo**, Via Marchese Ugo 3, Palermo, Tel. 09 17 90 90 01, www.amthotels.it/excelsiorpalermo. Stilvolles Haus unweit des Viale della Libertà mit prächtigen Murano-Lüstern und schönen Möbeln.

****Grand Hotel et Des Palmes**, Via Roma 398, Palermo, Tel. 09 16 02 81 11, www.amthotels.it/despalmes. In dem 1874 eröffneten Jugendstil-Hotel hat Richard Wagner den ›Parsifal‹ vollendet. Mit Il Gattopardo Bar und Restaurant.

Designerschick unter alten Gewölben – Kursaal Kalhesa, ein In-Spot Palermos

****Hotel Plaza Opéra**, Via Nicolò Gallo, Palermo, Tel. 091 38 19 27 60, www.hotelplazaopera.it. Eleganter Mix aus Biedermeier und zeitgenössischem Design.

****Hotel Porta Felice**, Via Butera 42, Palermo, Tel. 09 16 17 56 78, www.hotelportafelice.it. Designerhotel in La Kalsa unweit des Palazzo Chiaramonte Steri mit schöner Frühstücksterrasse.

***Hotel del Centro**, Via Roma 72, Palermo, Tel. 09 16 17 03 76, www.hoteldelcentro.it. Geschmackvolle Zimmer, und ein schöner Frühstücksraum.

***Hotel Letizia**, Via dei Bottai 30, Palermo, Tel. 091 58 91 10, www.hotelletizia.com. Hübsch eingerichtetes Haus nahe der ruhigen grünen Piazza Marina.

Restaurants

Caffè Letterario Giuseppe Tomasi di Lampedusa, Vicolo della Neve dell'Alloro 2–5, Palermo, Tel. 09 16 16 07 96, www.parcotomasi.it. Literaturcafé mit gutem Mittagsmenü (Di geschl.).

Trattoria da Pippo La Gondola, Via Principe di Scordia 144, Palermo, Tel. 091 33 17 48. Ein Liebling der Palermitaner, preiswerte und frische Speisen.

TOP TIPP **Altri Tempi**, Via Sammartino 65, Palermo, Tel. 091 32 34 80, www.trattoriaaltritempi.it. Sebastiano Salanitro kredenzt Sizilianisches mit Pfiff.

Antica Focacceria San Francesco, Via Alessandro Paternostro 58, Palermo, Tel. 091 32 02 64, www.afsf.it. Das beliebte Jugendstil-Lokal bietet Spezialitäten wie *Panelle*, frittierte Pfannkuchen, *Sfincione*, sizilianische Pizza, und *Arancine*, gefüllte Reiskugeln (Mo geschl.).

Ai Normanni, Piazza Vittoria 25, Palermo, Tel. 09 16 51 60 11. Sizilianische Küche, frischer Fisch, köstliche Pasta und Fleisch, unweit des Palazzo dei Normanni.

Trattoria Primavera, Piazza Bologni 4, Palermo, Tel. 091 32 94 08. Lokale Speisen in rustikalem Ambiente, mit Garten und Terrasse. (So Abend, Mo geschl.).

Taverna di John, Via Sperlinga 57, Palermo, Tel. 091 33 46 78. Die Bänke vor dem Pizzaofen sind meist schon um 20 Uhr voll besetzt (Mi geschl.).

Cafés

Antico Caffè Spinnato, Via Principe di Belmonte 115, Palermo, Tel. 09 17 49 51 04. Elegantes Straßencafé für günstiges Mittagsmenü oder verführerisches Dessert.

Caffè Mazzara, Via G. Magliocco 15, Palermo. Vornehme Wartehallen-Atmosphäre, köstliche Cannoli und Gelato.

Shakespeare & Company, Via Archimede 189, Palermo, Tel. 09 16 11 35 48. In-Caffè, Wein- und Cocktailhaus in modernem Design.

Nachtleben

Kursaal Kalhesa, Foro Umberto I 21, Palermo, Tel. 09 16 16 22 82, www.kursaalkalhesa.it. Restaurant, Bar und Eventlocation mit Garten in La Kalsa (Mo geschl.)

Tina Pica, Via Giovanni Meli 19, Palermo, Tel. 09 16 12 39 34, www.tinapica.it. Schickes Restaurant mit Bar, am Wochenende mit Livemusik und Disco.

Pompöses Flair der sizilianischen Nobilità – im Speisesaal des Hotels Central Palace

Am Rande der Conca d'Oro – Antike, Gold und Badefreuden

Nach Tagen der Kunstbegeisterung ist so mancher Reisende vielleicht der Metropole Palermo und ihrer tausend Wunder müde und sucht Entspannung in der Umgebung. Doch er wird bald bemerken, dass auch hier fast alle Wege erneut zur Kunst führen. **Monreale** blickt auf Palermo hinab und lockt mit Superlativen der Normannenkunst. Auf einem Bergrücken am Meer präsentiert sich **Solunto** mit den Resten einer antiken Stadt, und **Bagheria** wartet mit barocken Scherzfiguren auf. In **Mondello** schließlich winkt Erlösung. Hier feiert man *Dolce Vita alla Siciliana* am Strand zwischen Fischern und gestylten Palermitanern. Und wer untertauchen möchte, den zieht es zur Insel **Ustica** mit ihrer fantastischen Unterwasserwelt.

2 Monreale

Vergoldete Kathedrale und Kreuzgang voller Bildgeschichten.

Nur 8 km sind es von den Quattro Canti, die schnurgerade in südwestlicher Richtung verlaufende Straße (Bus 389 ab Piazza Indipendenza) windet sich bis in 300 m Höhe über die Conca d'Oro hinaus und gibt schließlich den Blick frei auf die monumentale Kathedrale von Monreale. Wenn man sie in dem kleinen Städtchen angekommen dennoch nicht sofort wiederfindet, so liegt das daran, dass sie relativ dicht umbaut ist.

TOP TIPP Cattedrale Santa Maria Nuova

Ihre Entstehung (1174–82) verdankt die Kathedrale (Piazza Vittorio Emanuele, www.cattedraledimonreale.it, Sommer tgl. 8.30–13 und 14.30–17, Winter tgl. 8.30–12.30 und 15.30–17.30 Uhr) dem Machtkampf zwischen dem Palermitaner Erzbischof Walter of the Mill und dem Normannenkönig Wilhelm II., der auf seinem ›Königsberg‹ (Monreale) ein Erzbistum etablierte und neben Kirche und Kloster seinen Herrscherpalast errichten ließ.

Santa Maria Nuova selbst stand in Konkurrenz zur Kathedrale von Palermo, dem 1170 begonnenen Bauprojekt des Walter of the Mill. Bildhafter Beweis ist die wundervolle **Choranlage**, die weithin sichtbar über Palermo thront und den Apsidenschmuck des Palermitaner Doms an Pracht und Formenreichtum um ein Vielfaches übertrifft. Wie ein dicht gewebter orientalischer Teppich überziehen hier Musterbänder aus Kalk- und Lavastein und verflochtene Blendbögen den ganzen Baukörper.

Die von zwei mächtigen Türmen flankierte **Hauptfassade** wiederum, die Vorhalle stammt aus dem 16. Jh., macht deutlich, dass der Dom Rogers II. in Cefalù (Baubeginn 1131; s. S. 127) als Vorbild für die hiesige dreischiffige Basilika mit überhöhtem Chor diente. Wie Roger II. hatte auch Wilhelm II. seinen Bau als *Königsgrablege* bestimmt. Nicht zuletzt in diesem Punkt wandte er sich gegen Walter of the Mill, der die Kathedrale von Palermo zur Grablege der anderen Normannenherrscher umfunktioniert hatte.

An hohen Feiertagen wird die **Bronzetür** (1186) des Hauptportals geöffnet, die *Bonnano Pisano* mit 42 Szenen aus dem Alten und Neuen Testament schmückte. Ansonsten gelangt man durch die Bronzetür des *Barisano da Trani* im nördlichen Seitenschiff ins Kircheninnere.

Der **Kirchenraum** beeindruckt allein durch seine Größe (102 x 40 m). Über den schlanken Säulen entfalten sich die von *Mosaiken* (1182) überzogenen Bauglieder wie ein goldenes Zelt, das von einer offenen Sparrendecke (1811 erneuert) bekrönt wird. In mystisch-diffuses Licht getaucht präsentiert sich auf 6340 m² Wandfläche der größte Mosaikzyklus des Abendlandes. Ein Meisterwerk, das, abgesehen von

Restaurierungen im 19. Jh., original erhalten geblieben ist. Das Bildprogramm folgt im Wesentlichen dem der Cappella Palatina in Palermo [s. S. 22].

Das **Allerheiligste** wird der byzantinischen Liturgie gemäß vom *Christus Pantokrator* in der Chorapsis beherrscht. Darunter erscheint die Muttergottes zwischen Erzengeln. Im Altar-Vorraum stand links der *Königsthron*. Das dortige Mosaik, ›Wilhelm II. wird von Christus gekrönt‹, findet sein Pendant im Stiftermosaik rechts über dem *Thron des Erzbischofs*, ›Wilhelm II. überreicht Maria ein Modell der Kathedrale‹. Der Legende nach ließ Wilhelm II. die Kirche dort errichten, wo ihm im Traum die Jungfrau Maria erschienen war. Sie zeigte ihm den Platz, an dem ein großer Schatz verborgen lag, den er für ein frommes Werk verwenden sollte. Die rechte Apsis und ihr Bildschmuck sind Petrus geweiht. Hier stehen auch die Sarkophage Wilhelms I. und Wilhelms II. Die linke Apsis schildert das Leben des Paulus.

Im **Mittelschiff** beginnt die Bildfolge des Alten Testaments im oberen Register der Südwand mit der ›Erschaffung der Erde‹. Das Mosaikband der Schöpfungsgeschichte verläuft über die West- und Nordwand, um im unteren Register der Südwand mit dem ›Bau der Arche Noah‹ fortzufahren. Nördliches und südliches **Seitenschiff** zeigen Jesu Wunderheilungen, das **Querschiff** präsentiert weitere Szenen aus dem Leben Christi. Die Übereinstimmungen mit den Mosaikbildern der Cappella Palatina gehen bis in die Details, die Szenen faszinieren durch ihre lebendige Bildsprache.

Von Adam und Eva bis Abraham und Isaak – erzählfreudige Mosaike als Bilderbibel

Sie sollte Palermo in den Schatten stellen – die Cattedrale von Monreale und ihre Mosaiken

Ritterliche Drohgebärden und liebliche Ornamente – Kapitell im Kreuzgang von Monreale

Kreuzgang

An der Südseite der Kathedrale lag einst das Benediktinerkloster, von dem heute noch Reste des Südflügels künden. Erhalten blieb der eindrucksvolle Kreuzgang (Mo–Sa 9–18, So 9–13 Uhr), dessen Geviert von 47 x 47 m sich mit prachtvoll geschmückten Spitzbogenarkaden auf einen idyllischen Gartenhof öffnet. Jede der 228 marmornen *Doppelsäulen* ist unterschiedlich gestaltet, eine schöner als die andere. Zahlreiche Säulenschäfte sind zudem mit vielfarbigen Intarsien verziert. Meisterwerke der Steinmetzkunst sind aber vor allem die *Kapitelle*. Sie zeigen Szenen aus dem Alten und Neuen Testament, dazu Ritter und Edelleute, groteske Fabelwesen und wilde Tiere, und zur Abrundung antike, frühchristliche und arabische Ornamente. Besonders hervorzuheben ist das *Stifterkapitell* (19. Säule an der Westseite), auf dem Wilhelm II. mit dem Kirchenmodell vor der Muttergottes erscheint. Stilistisch offenbaren die Kapitelle die ganze Bandbreite dessen, was auf Sizilien künstlerisch verfügbar war. Man unterscheidet italienische, byzantinische, provenzalische und arabische Gestaltungsformen. In der schattigsten Ecke der Anlage, um des kühlen Wassers willens, öffnet sich ein Kreuzgang im Kreuzgang mit einem leise plätschernden Brunnen.

Einen schönen Blick auf Kathedrale und Kreuzgang genießt man von den **Terrazze di Cattedrale**, deren Zugang sich rechts vom Hauptportal befindet.

Ausflug

Im Sommer bietet der nur wenige Kilometer südwestlich von Monreale gelegene **Acquapark Monreale** (Via Pezzingoli 172, Contrada Fiumelato, Tel. 09 16 46 02 46, www.acquaparkmonreale.it, Ende Mai–Anfang Sept. tgl. 9.30–13 und 14–18.30 Uhr) eine willkommene Abkühlung. Er ist der größte Wasserpark Siziliens, seine Wasserrutschen garantieren Plantschvergnügen für die ganze Familie.

Liebenswürdige Kunst – der Brunnenhof und Säulenwald des Kreuzgangs von Monreale

Agora mit Meerblick – Solunto, von Karthagern gegründet, von Griechen ausgebaut

3 Solunto

Ausgrabungen mit Panorama.

Am Capo Zafferano östlich von Palermo, am Osthang des 374 m hohen Monte Catalfano, liegt der **Parco Archeologico di Solunto** (Tel. 091 90 45 57, Mo–Sa 9–17.30, So 9–13 Uhr) mit den Ruinen des antiken *Solus*. Die karthagische Siedlung, im 7. Jh. v. Chr. als Bollwerk gegen die Expansionslust der Griechen errichtet, wurde 397 v. Chr. vom griechischen Tyrannen Dionysios I. zerstört. Um 350 v. Chr. ließ der Tyrannen-Gegner Timoleon eine neue, schachbrettförmige Stadt anlegen, die später die Sarazenen vernichteten. Reste der Agora, des Theaters sowie eines Gymnasiums mit Atrium können besichtigt werden. Besonders sehenswert ist das *Haus der Leda*, in dessem Inneren ein Fresko der Leda mit dem schwanengestaltigen Zeus erhalten geblieben ist.

i Praktische Hinweise

Restaurant

Antica Solunto Ristorazione, Santa Flavia, Tel. 091 90 32 13, www.solunto.it. Die Restaurants *La Grotta* und *Antica Pizzeria* bieten eine gute Küche bei herrlicher Aussicht über die Bucht bis zum Parco Archeologico di Solunto.

4 Bagheria

Prinzen-Villa mit grotesken barocken Scherzfiguren.

Vor rund 300 Jahren begannen Adelsfamilien aus Palermo damit, auf einem schönen Fleckchen Erde 15 km südöstlich der Hauptstadt noble Barockvillen zu erbauen, dies war die Geburtsstunde des Ortes Bagheria. Die bedeutendste der damals errichteten Sommerresidenzen war die **Villa Palagonia** (Piazza Garibaldi, www.villapalagonia.it, April–Okt. tgl. 9–13 und 16–19, Nov.–März tgl. 9–13 und 15.30–17.30 Uhr). Dem Landsitz, den Tommaso Maria Nepoli 1705 für den *Principe Ferdinando Francesco Gravina* auf elliptischem Grundriss erbaute, eilt ein besonderer Ruf voraus. Denn auf der Hofmauer stehen seit 1715 groteske Figuren, die zum Zankapfel der Kunstverständigen avancierte: Wo Goethe nur »palagonische Raserei« sah, schwärmen andere von der »heiteren Theatralik«, während die Kalksteinfiguren unbeirrt Fratzen schneiden.

Prominente Rollen spielen Bagheria und die Villa Palagonia in *Giuseppe Tornatores* Film ›Baarìa‹ (2009). Baarìa, wie Bagheria auf sizilianisch heißt, ist die Heimatstadt Tornatores und der Film eine romantisch-humorvolle Familiengeschichte mit autobiographischem Hintergrund.

In einem weiteren Adelspalast, der um 1700 errichteten *Villa Cattolica*, sind heute zwei Sammlungen ansässig: die **Galleria d'Arte Moderna e Contemporanea** mit

Mondello, das mondäne Seebad mit Jugendstil-Stabilimento und Monte Pellegrino ▷

Werken italienischer Künstler und das **Museo Guttuso** (beide: Via Rammacca 9, Tel. 091 94 39 02, www museoguttuso.it, Sommer Di–So 9.30–14 und 15–19.30, Winter Di–So 9–13 und 14.30–19 Uhr). Es zeigt Arbeiten des in Bagheria geborenen Malers *Renato Guttuso* (1912–1987). Im Garten der Villa liegt auch die letzte Ruhestätte des Künstlers.

Wer sich für die sizilianische Kunstszene interessiert, den zieht es auch ins **Museum – Osservatorio dell'Arte Contemporanea in Sicilia** (Via Luigi Cherubini 12, Tel. 091 96 80 20, www.museum-bagheria.it, Di–So 17–20.30 Uhr). Die Kollektion präsentiert ein breites Spektrum zeitgenössischer Kunst von Malerei und Bildhauerei über Fotografie und Videokunst bis zu Installationen.

5 Mondello

Badespaß und Flaniermeile.

Von Palermo aus (Bus 806 ab Stazione Centrale) erreicht man in nördlicher Richtung – vorbei am Monte Pellegrino – das alte Fischerstädtchen Mondello, das sich schon um 1900 zur Sommerfrische entwickelte. Der 2 km lange Sandstrand des noch heute von den Hauptstädtern favorisierten Badeortes besticht durch seine malerische Lage zwischen *Monte Pellegrino* (606 m) und *Monte Gallo* (581 m). Die Uferpromenade wird gesäumt von Villen und Strandbädern, allen voran das auf Stelzen im Wasser stehende, über einen kurzen Steg zu erreichende **Stabilimento Balneare Charleston**. Das Jugendstilgebäude von 1912 besticht durch seine schöne Vorhalle und vier verspielte Eck-

Von Kolonien und Polypen – auf Tauchgang in den Korallengärten rund um Ustica

türmchen. Auch der kleine Ortskern von Mondello mit seinen viel frequentierten Restaurants und Straßencafés lädt zum Flanieren und Beobachten ein.

Alljährlich im Mai ist Mondello Treffpunkt für Sportler aus aller Welt, wenn anlässlich des **World Festival on the Beach** (www.wwfestival.com) Wettbewerbe in verschiedenen Wassersportarten veranstaltet werden. Den Rahmen bildet ein vielseitges Musikprogramm.

6 Ustica

Die Perle des Mittelmeeres zeigt ihre größten Schätze unter Wasser.

60 km nordwestlich von Palermo erhebt sich die von steilen Felsküsten geprägte, hügelige Insel Ustica, auch Perle des Mittelmeeres genannt. Badeurlauber genießen die herrlichen, wenig überlaufenen Strände, besonders aber zieht die Insel Taucher an, auf die eine artenreiche, faszinierende Unterwasserwelt wartet. Verschiedene Tauchschulen veranstalten sowohl Kurse als auch Ausflüge zu den schönsten und spektakulärsten Tauchgründen der Insel. Zum Schutz der Unterwasserwelt wurde der Küstenabschnitt um das **Capo Spalmatore** im Westen von Ustica zur Riserva Naturale Marina erklärt.

i Praktische Hinweise

Schiff

Siremar, Stazione Marittima, Palermo, Tel. 89 21 23 (in Italien), Tel. 02 26 30 28 03, www.siremar.it. Überfahrt per Tragfügelboot oder Fähre.

Ustica Lines, Trapani, Tel. 09 23 87 38 13, www.usticalines.it. Schiffsverbindungen nach Palermo, Trapani und Neapel.

Tauchen

Mare Nostrum Diving, Via Cristoforo Colombo 33, Ustica, Mobil-Tel. 32 08 35 43 08, www.marenostrum diving.it, geöffnet Mai–Okt.

Profondo Blu Ustica, Contrada Oliastrello, Ustica, Tel. 09 18 44 96 09, www.usticadiving.it. Mit Hotel und Restaurant.

Hotel

***Hotel Clelia**, Via Sindaco 1° 29, Ustica, Tel. 09 18 44 90 39, www.hotelclelia.it. Angenehmes kleines Hotel mit 26 Zimmern und gutem Restaurant.

Der Westen – griechische Tempel, süßer Wein, Meersalz und ein Hauch von Afrika

Zwischen **Trapani** und **Marsala** neigt sich das Land flach der Küste zu, mit grünen Weinbergen und Gärten, den weiß oder rosa im Licht schimmernden *Salinen,* mit restaurierten Windmühlen und mit ertragreichen Fischfangflotten wie in **Mazara del Vallo**, wo auch der ›Tanzende Satyr‹ lockt. Landschaft und Atmosphäre geben teilweise schon die Nähe zum afrikanischen Kontinent (140 km) preis. Und über allem thront das zauberhafte Bergstädtchen **Erice**, das einen fantastischen Fernblick auf die **Isole Egadi** bietet. Vor der Weinstadt **Marsala** liegt mit der Insel **Mozia** ein sehenswertes Stück phönizischer Kultur. **Segesta** bildet den Auftakt für die Begegnung mit den griechischen Tempeln Siziliens, **Selinunt** stellt diesbezüglich einen Höhepunkt dar. Übrigens: wer mal entspannen möchte, ist am **Golfo di Castellammare** mit seinen herrlichen Stränden und faszinierenden Tauchgründen richtig.

7 Segesta

TOP TIPP *Diplomatisches Bauen – Reste einer sagenumwobenen Elymer-Stadt mit griechischem Tempel und Theater.*

Im Hinterland von Castellammare del Golfo, welches als Hafen der heutigen antiken Siedlung fungierte, liegt der **Parco Archeologico** (Tel. 09 24 95 23 56, April–Okt. tgl. 9–18, Nov.–März tgl. 9–17 Uhr) mit den Überresten der Elymer-Stadt Segesta. Das von mächtigen Kalkfelsen und weiten Kornfeldern geprägte Land war damals karthagisches Hoheitsgebiet.

Auf einem Hügelrücken abseits der einstigen Stadt erhebt sich ein dorischer **Tempel**. Ein kurzer Aufstieg vom Parkplatz führt zu dieser Säulenhalle, die von jeher Rätsel aufgegeben hat. Das Fehlen

Majestätische Hülle – der dorische Tempel der Elymer-Stadt Segesta gibt Rätsel auf

Das beste Bühnenbild liefert die Natur – Segestas Theater und die Berge von Castellamare

des eigentlichen Tempelbaus, der *Cella*, ließ vermuten, die Elymer hätten die Anlage um 420 v. Chr. nur aus diplomatischen Interessen als Schein-Tempel konstruiert.

Segesta war eine der drei Hauptstädte der Elymer. Dem Geschichtsschreiber Thukydides zufolge waren sie Nachkommen der **Trojaner**, die mit *Aeneas* geflüchtet waren. In Wirklichkeit stammten die vorgriechischen Kolonisatoren allerdings vom italienischen Festland. Die Segestaner lagen seit dem 6. Jh. v. Chr. in ständigen Auseinandersetzungen mit *Selinunt* und galten als Opportunisten, die sich unterschiedlicher Bündnispartner bedienten. So hatten sie ihren Partner **Karthago** gegen Athen ausgespielt, und als sie 426 v. Chr. **Athen** um Hilfe gegen Selinunt anriefen, wollten griechische Abgesandte zunächst ihre Verlässlichkeit prüfen. Die Stadt Segesta gaukelte nun Reichtümer vor, die sie nicht besaß, und der dorische Tempel war wohl Teil dieses Betrugsunternehmens. Jedenfalls waren die Abgesandten beeindruckt, und Athen sandte zur Unterstützung 250 Schiffe nach Sizilien. Zunächst war Segesta siegreich, aber bei der Entscheidungsschlacht 413 v. Chr. verlor Athen vor Syrakus seine gesamte Flotte. Segesta wandte sich nun den Karthagern zu, die Selinunt jedoch 409 v. Chr. zerstörten. Im Ersten Punischen Krieg kämpfte Segesta dann an der Seite **Roms** und wurde schließlich römische Legionärsstadt.

Die antike Stadt auf dem gegenüberliegenden *Monte Barbaro* ist bislang nur teilweise ausgegraben worden. Eine halbe Stunde Fußweg oder eine Fahrt mit dem Bus führt auf diesen Berg, dessen Pflanzenwelt im Frühling farbenprächtig blüht. In Panoramalage mit Blick auf Castellammare ist hier ein griechisches **Theater** (3. Jh. v. Chr.) in den Hang gebaut. Die von den Römern erweiterte Anlage umfasst den halbrunden *Zuschauerraum* (Cavea), den *Bühnenraum* (Orchestra) und Reste des *Bühnenhauses* (Skene). Oberhalb des Theaters wurden Teile der Stadt ausgegraben und rekonstruiert.

8 Golfo di Castellammare

Karibisch anmutendes Badeparadies zwischen Palermo und Trapani.

Ins ›Freilichtmuseum Sizilien‹ kommen viele Reisende einzig und allein der Kultur wegen. Schade, denn entlang der rund 1000 km langen Küstenlinie gibt es herrliche Strände, die Lust auf einen Badeurlaub machen, so z.B. am Golfo di Castellammare zwischen Palermo und Trapani. **Castellammare del Golfo**, benannt nach seiner im 14. Jh. errichteten aragonischen Festung, ist ein beschaulicher Ferienort. Der Sandstrand fällt sanft ins smaragdgrüne, fast karibisch anmutende Meer. Auf dem Weg zum **Capo San Vito** am westlichen Ende der Bucht passiert man kurz vor dem kleinen Fischerdorf **Scopello** die Tonnara di Scopello, den früheren Thunfischhafen. Hier ragen bizarre Felsen fotogen aus dem Wasser. Ganz im Westen schließlich lockt **San Vito lo Capo** mit seinem fast 3 km langen Sandstrand und kristallklarem Wasser. Auch die Unterwasserwelt mit ihrem Fischreichtum, den Grotten, Steilwänden und Schiffswracks begeistert.

Zwischen Scopello und San Vito lo Capo erstreckt sich die 1981 als erstes Naturschutzgebiet Siziliens eingerichtete **Riserva Naturale dello Zingaro** (Tel. 09 24 35 10 8, www.riservazingaro.it, April–Sept. tgl. 7–21, sonst tgl. 9–16 Uhr). Mehrere gut ausgeschilderte Wanderwege mit Längen von 7–14 km erschließen das Gelände, dessen höchste Erhebung der *Monte Speziale* (913 m) ist. Der Südeingang zur Riserva befindet sich 1 km nordöstlich von Scopello, der Nordeingang 12 km südöstlich von San Vito lo Capo. Wanderkarten sind an beiden Parkeingängen erhältlich. Besonders schön ist die Strecke entlang der zerklüfteten Küste, die hübsche Ausblicke bietet und Abstecher zu idyllischen Buchten ermöglicht.

i Praktische Hinweise

Tauchschule

Argonauta, Via Faro, San Vito lo Capo, Mobil-Tel. 33 15 61 65 81, www.argonauta-divingcenter.com

Hotels

****__Hotel Capo San Vito__, Via San Vito 1, Capo San Vito, Tel. 09 23 97 21 22, www.caposanvito.it. Schickes kleines Hotel mit 30 Zimmern und 5 Suiten. Geschmackvoller Stilmix aus moderner Einrichtung und orientalischen Antiquitäten.

***__Cerri Hotel__, Via Mascagni 2, Castellamare del Golfo, Tel. 092 43 49 99, www.cerrihotel.it. Gemütliche Zimmer in einer kleinen, von einem Garten mit mediterraner Vegetation umgebenen Hotelanlage.

Restaurant

Pocho, San Vito Lo Capo, Ortsteil Makari, Tel. 09 23 97 25 25, www.pocho.it. Gutes Hotel-Restaurant mit Panoramablick von der Dachterrasse. Besonders zu empfehlen ist Fisch-Couscous (außer So nur am Abend geöffnet, Di geschl.).

9 Erice

TOP TIPP

Liebestempel und Marzipangebäck in mittelalterlicher Hülle.

Wie ein Adlernest mit spektakulärem Blick auf die Hafenstadt Trapani hockt Erice auf dem 751 m hohen gleichnamigen Berg. In Serpentinen schlängelt sich die Straße hinauf bis zum Parkplatz an der *Porta Trapani*. Weiter geht es nicht, denn Erice

Strand mit Radschläger – Familienurlaub in San Vito lo Capo vor herrlicher Felskulisse

selbst ist komplett autofrei. Wer mit öffentlichen Verkehrsmitteln anreisen möchte, erreicht das Bergnest bequem vom östlichen Stadtrand Trapanis aus mit der **Funivia** (s. u.), der Seilbahn, die die 3 km lange Strecke in 10 Min. zurücklegt.

In der Antike war der von den Elymern als *Eryx* gegründete Ort weithin bekannt wegen seines Tempels, der der Erd- und Fruchtbarkeitsgöttin geweiht war. Sie wurde von den Griechen *Aphrodite*, von den Karthagern *Astarte* und von den Römern *Venus Erycina* genannt. Keine Spur ist geblieben von dem Heiligtum, doch in der Normannenburg *Castello di Venere*

Pasta di Mandorla – das Marzipangebäck von Erice ist ein Traumgenuss, nicht nur fürs Auge

(12./13. Jh.) sollen 1922 Reste eines antiken Heiligtums ausgegraben worden sein. Mit dem Kult für die Göttin war auch Tempelprostitution verbunden, die von ehrbaren jungen Frauen geleistet wurde.

Zu Erice gehören zwei bedeutungsvolle Gründungslegenden. Zum einen soll König **Eryx**, ein Sohn der Aphrodite, die Stadt ins Leben gerufen haben. Er wurde später von Herakles getötet. Zum anderen soll **Aeneas** hier seinen Vater Anchises beerdigt und seiner Mutter Aphrodite den Tempel gestiftet haben. Der geniale Baumeister *Daidalos* gilt als Urheber des Tempels und der Stadtmauer, deren älteste Teile jedoch aus phönizischer Zeit stammen (um 1000 v. Chr.).

Vom höchsten Punkt Erices, dem **Castello di Venere**, und dem gegenüberliegenden **Castello Pepoli** (19. Jh.) genießt man einen fantastischen Rundblick. Der benachbarte Park *Villa del Balio* lädt zu einer Ruhepause ein.

Erice selbst, im Mittelalter *Monte San Giuliano* genannt, präsentiert sich als romantisches Städtchen. Steile Straßen führen an Häusern mit blumengeschmückten Innenhöfen vorbei. Am Ortseingang steht nahe der *Porta Trapani* der Dom **La Matrice**, der 1314 unter Nutzung antiken Baumaterials errichtet wurde. Er ist ein schönes Beispiel für den Chiaramonte-Stil, gut zu erkennen am frei stehenden Campanile, dessen Fenster von breiten Schmuckbändern gerahmt sind.

Ganz im Grünen – Castello di Venere und Castello die Pepoli bewachen Erice

Im **Museo Comunale Antonio Cordici** (Mo–Sa 9–13, Mo und Do auch 15–17.30 Uhr) an der Piazza Umberto I ist neben antiken Funden wie einem *Aphrodite-Kopf*, dem einzigen Überbleibsel des Tempels, eine Verkündigungsgruppe (1525) von Antonello Gagini sehenswert.

Kleine Souvenirläden heitern mit bunten Auslagen die oft düsteren Gassen auf. Erice ist berühmt für seine ›Dolci di Pasta di Mandorla‹. Dieses **Marzipangebäck** bieten die Konditoreien des Bergdorfs in vielen köstlichen Varianten an.

Die einzigartige Stille vertreibt in den Monaten Juli und August die **Settimana di Musica Medievale e Rinascimentale**, die Internationale Mittelalter- und Renaissance-Musikwoche. In fast allen Kirchen Erices erklingen dann ergreifende Lieder aus alter Zeit.

i Praktische Hinweise

Information

AAST, Via Tommaso Guarrasi 1, Erice, Tel. 09 23 86 93 88

Seilbahn

Funivia Trapani–Erice, Strada provinciale Trapani–Erice/Ecke Via Capua, Trapani, Tel. 09 23 50 28 21, www.funiviaerice.it

Einkaufen

Pasticceria Maria Grammatico, Via Vittorio Emanuele, Erice, Tel. 09 23 86 93 90, www.mariagrammatico.it. Dolci di Pasta di Mandorla in zahlreichen Varianten und andere Leckereien.

Häusermeer – die moderne Stadtlandschaft von Trapani hat beinah amerikanisches Flair

Hotel

TOP TIPP *****Elimo**, Via Vittorio Emanuele 75, Erice, Tel. 09 23 86 93 77, www.hotelelimo.it. Schöne Unterkunft in einem modernisierten Palazzo mit begrüntem Hof und Terrasse. Einige Zimmer haben Panoramablick.

Restaurants

Osteria di Venere, Via Roma 6, Erice, Tel. 09 23 86 93 62. Unterhalb des Stadtkerns in einem Hof gelegenes Restaurant. Schmackhafte Gerichte in großzügigen Portionen (Mi geschl.).

San Rocco, Via G. Filippo Guarnotti 23, Erice, Tel. 09 23 86 93 37. Beliebt wegen seiner ausgezeichneten Küche und seines rustikalen Ambientes in einem alten Gewölbe (Mi geschl.).

10 Trapani

Hafen mit barocker Altstadt und modernem Straßenraster.

Wie eine Sichel liegt die Halbinsel des antiken *Drepanon* (griech. Sichel) im Meer, damals Hafen von Erice und Flottenstützpunkt der Karthager. Unter arabischer Herrschaft ab dem 9. Jh. ließen sich hier auch Juden nieder. Die Blüte Trapanis setzte sich während der normannischen und spanischen Regierungszeit fort. Im 15. Jh. begannen die Aragonesen mit dem Ausbau der im Süden gelegenen *Salinen*. Lange war auch der **Thunfischfang** ein einträglicher Industriezweig der *Provinzhauptstadt* Trapani (73 000 Einw.). Nach den großen Zerstörungen des Zweiten Weltkriegs entstand eine schachbrettartig angelegte Neustadt, die heute das Erscheinungsbild bestimmt.

Die **Altstadt** auf der Halbinsel hingegen entfaltet barocken Charme. Der *Corso Vittorio Emanuele* mit seinen Seitenstraßen ist Fußgängerzone. Spaziert man gen Westen auf die äußerste Spitze der Sichel zu, kann man die **Torre di Ligny** erklimmen, einen Festungsturm mit Aussicht. Am anderen Ende des Corso beeindruckt die **Cattedrale San Lorenzo** (1635) mit ihrer barocken Fassade. Zwei Straßen weiter, in der Via Generale D. Giglio, leuchtet die blaugrüne Majolikakuppel der **Chiesa del Purgatorio** (Mo–Sa 8.30–12.30 und 15.30–19 Uhr). Die Kirche bewahrt 20 TOP TIPP hölzerne Statuengruppen, die jährlich während der **Processione dei Misteri**, der Karfreitagsprozession, zum Einsatz kommen. Dann werden die tonnenschweren Bildwerke 20 Stunden lang unermüdlich durch die Straßen der Stadt getragen.

Eine weitere sehenswerte Kirche ist **Sant'Agostino** an der Piazza Saturno, ein kühler Bau aus dem 14. Jh. mit schönem gotischen Portal und hübscher Fensterrose. Im jüdischen Viertel, an der Via Giudecca 43, lohnt der **Palazzo Giudecca** mit seiner Fassade im Stil der katalanischen Spätgotik einen Besuch.

In der Neustadt steht die Kirche **Santuario dell'Annunziata** (Via Conte Agostino Pepoli 200, www.madonnaditrapani.com, tgl. 7–12 und 16–19 Uhr). Der bedeutendste Sakralbau der Stadt wurde 1315–32 errichtet und im 18. Jh. stark verändert. Original erhalten blieb die Fassade mit reich verziertem Portal und schöner Fensterrose. Weithin verehrt wird die in der *Cappella della Madonna* hinter dem Chor aufbewahrte Marmorstatue der wundertätigen ›Madonna di Trapani‹ (14. Jh.), ein Werk aus dem Umkreis des berühmten Bildhauers Nino Pisano.

Das Santuario gehörte einst zu einem Karmeliterkloster, das 1866 säkularisiert wurde. Heute ist in dessen Räumlichkeiten das **Museo Regionale Agostino Pepoli** (Tel. 09 23 55 32 69, Di–Sa 9–13.30, So/Fei 9–12.30 Uhr) ansässig, das Kunst von der Antike bis zur Neuzeit präsentiert, darunter auch ein Gemälde des ›Hl. Franziskus‹ (1530) von Tizian. Im Mittelpunkt der Kunsthandwerklichen Abteilung ste-

Die Passion Christi – sizilianisches Osterschauspiel

Das Leben auf Sizilien wird von zahlreichen religiösen Feierlichkeiten geprägt. Höhepunkt des Kirchenjahres ist die Karwoche. Die Volksfrömmigkeit offenbart sich in **Prozessionen** und **Mysterienspielen**, die der Ereignisse vor mehr als 2000 Jahren gedenken. Auf der ganzen Insel wird unter großer Anteilnahme der Bevölkerung die Passion Christi als Laienspiel inszeniert.

Sehenswerte sizilianische Osterprozessionen werden am Gründonnerstag in **Caltanissetta** [Nr. 19] und am Karfreitag in **Trapani** [Nr. 10] veranstaltet. Bruderschaften stellen mit historischen Figurengruppen aus Holz die einzelnen Stationen der Passion Christi nach und begleiten diese in einem feierlichen Umzug – ein Erlebnis, sicherlich nicht nur für gläubige Christen.

Genau darin liegt jedoch der Kritikpunkt, der hin und wieder von Vertretern der Kirche vorgebracht wird. Die Prozessionen und Passionsspiele hätten viel von ihrer Religiosität eingebüßt und eher Event-Charakter angenommen. Die Begeisterung der Sizilianer für ihre farbenprächtigen Prozessionen trübt dies jedoch nicht, und auch nicht die Faszination, die die Festlichkeiten auf Besucher ausüben – viele kommen aus diesem Grunde zur Osterzeit nach Sizilien.

Feierlicher Trauerzug – Karfreitagsprozession in Trapani mit der ›Kreuzigung Christi‹

Tauchgang vor Pantelleria – in 30 m Tiefe leben die feuerrot strahlenden Gorgonien

hen Arbeiten aus roter Koralle. Im 16. Jh. waren Trapanis Korallenschmuckschleifer weithin berühmt. Heute soll der Kunstzweig neu belebt werden.

i Praktische Hinweise

Information

Infopoint, Via Torrearsa/Piazza Saturno, Trapani, Tel. 09 23 54 45 33, www.comune.trapani.it

Schiff

Porto di Trapani, Piazza Garibaldi, Trapani, www.portotrapani.it

Siremar, Tel. 89 21 23 (in Italien), Tel. 02 26 30 28 03, www.siremar.it. Fähren zu den Isole Egadi und nach Pantelleria.

Ustica Lines, Tel. 09 23 87 38 13, www.usticalines.it. Tägliche Verbindungen zu den Isole Egadi.

Hotel

***__Nuovo Albergo Russo__, Via Tintori 4, Trapani, Tel. 092 322 163, www.nuovorusso.alervista.org. Angenehmes Hotel in einer stillen Seitenstraße des Corso Vittorio Emanuele.

Restaurant

TOP TIPP **Trattoria del Porto**, Via Ammiraglio Staiti 45, Trapani, Tel. 09 23 54 78 22. Fisch-Couscous sowie gegrillte und gefüllte Tintenfische sind die Spezialitäten (Mo geschl.).

11 Isole Egadi und Pantelleria

Die zu Trapani gehörigen Inselchen sind gut für den Urlaub von der Insel.

Die Trapani im Westen vorgelagerten Ägadischen Inseln gehören zum gebirgigen Rückgrat Siziliens. Seit der Frühzeit sind sie besiedelt, ihre Bewohner lebten lange Zeit hauptsächlich von Korallenabbau und vom Fischfang. Heute arbeiten viele im Tourismus.

Der heiße Frühlingswind ›Favonio‹ gab der größten Insel, **Favignana** (3500 Einw.), ihren Namen. Neben Wassersport stehen hier Bootsausflüge zu den zahlreichen Grotten auf dem Programm. Berühmt ist Favignana wegen der *Mattanza*, der blutigen Thunfischjagd, die Mitte Mai bis Anfang Juni stattfindet. Wenn die Fischschwärme zum Laichen ins flache Wasser kommen, werden sie in Netze getrieben und in der *Camera della Morte*, der Todeskammer, von den Fischern mit Speeren getötet. Obwohl die Thunfischbestände durch Überfischung stark zurückgegangen sind, lebt die Tradition der Mattanza heute noch als – zweifelhaftes – touristisches Spektakel fort.

Die kleine autofreie Insel **Levanzano** (200 Einw.) liegt 4 km nördlich von Favignana. In der *Grotta del Genovese*, sie ist nur per Boot zu erreichen, sieht man steinzeitliche Höhlenmalereien.

Schönohrige Opuntien rahmen die Hänge der wildromantischen Insel Pantelleria

Bergig, hübsch, aber eher unspektakulär ist die 38 km von Trapani entfernt liegende Insel **Marettimo** (800 Einw.). Zu ihren Attraktionen gehören vor allem einige Tropfsteinhöhlen.

Die ›Schwarze Perle des Mittelmeeres‹ liegt weit draußen, 110 km von Sizilien, aber nur 70 km von Afrika entfernt. **Pantelleria** (8000 Einw.) wird beherrscht von Vulkankratern und besitzt kleine schwarze Badebuchten. Viele Urlauber kommen zum Tauchen, andere wegen des feurigen Moscato-Weins. Der Geschichte der Insel kann man in den Ausgrabungen von *Mursia* mit Grabtürmen des Neolithikums nachspüren.

i Praktische Hinweise

Information

Pro Loco Favignana, Piazza Matrice 8, Tel. 09 23 92 16 47, www.egadi.com

Pro Loco Pantelleria, Piazza Cavour, Tel. 09 23 91 18 38, www.pantelleria.it

Flughafen

Aeroporto Pantelleria, Tel. 09 23 91 13 98, www.pantelleriairport.it. Wird von Trapani und Palermo aus angeflogen.

Schiff

Von Trapani aus bestehen regelmäßige Fährverbindungen zu den Isole Egadi und nach Pantelleria [s. S. 51].

Hotel

****__Hotel Mediterraneo__, Via Borgo Italia 75, Pantelleria, Tel. 09 23 91 21 14, www.pantelleriahotel.it. Modern eingerichtetes Hotel am Hafen. 38 Zimmer und 2 Suiten, die meisten von ihnen mit Meerblick.

12 Mozia

Idyllische Insel mit den Resten einer phönizischen Hafenstadt und einer rätselhaften Statue.

Die Küstenstraße Richtung Marsala führt auch an den **Salinen** von Trapani vorbei. Am Rand der Trockenbecken sieht man Windmühlen und die mit Tonziegeln ab-

gedeckten Salzberge. In der *Salina di Nubia* und ihrer gut erhaltenen Windmühle informiert das kleine **Museo del Sale** (Museo Ristorante Trattoria del Sale, Via Chiusa, Nubia, Tel. 0923867142, www.trattoriadelsale.com, tgl. 9–18 Uhr) über die Salzgewinnung. Weiter südlich, auf Höhe der kleinen Insel San Pantaleo (s. u.), besteht die Möglichkeit, eine Salzgewinnungsanlage zu besichtigen. Die **Saline Ettore e Infersa** (Tel. 0923733003, www.salineettoreinfersa.com, tgl. 9–19 Uhr, Mi und Sa 16–18 Uhr Mühle in Betrieb) produziert im Jahr 80 000 t Salz.

Nahe den Salinen legen die Motorboote zur Insel **San Pantaleo** ab (Mozia Line, Tel. 0923989249, www.mozialine.com, Arinie Pugliese, Mobil-Tel. 34777902, www.ariniepugliese.com). Das malerische Eiland bewahrt imposante Ruinen der phönizischen Hafenstadt *Motya*, heute **Mozia**. Sie wurde im 8. Jh. v. Chr. gegründet und war ein wichtiger Stützpunkt der Karthager. Nach ihrer Zerstörung 397 v. Chr. durch Dionysios I., Tyrann von Syrakus, gründeten die Einwohner im Gebiet des heutigen Marsala den Ort Lilybaeum.

Der britische Marsala-Produzent *Joseph Whitaker* kaufte die Insel 1906 und begann mit den Ausgrabungen, seit 1964 werden diese von der *Sapienza Università di Roma* (www.lasapienzamozia.it) geleitet. Der Rundgang durch die *Scavi di Mozia* startet gleich rechts von der Anlegestelle. Beachtliche Reste der einst 2500 m langen *Stadtmauer*, die mit Türmen und Bastionen befestigt war, ziehen sich rund um die Insel. Von den erhaltenen Stadttoren ist das wehrhafte *Nordtor* am eindrucksvollsten. In der Nähe befin-

Viele Prisen Salz – Salinen an der Küste unweit der von den Phöniziern besiedelten Insel Mozia

Aufreizend schöner Priester – griechisches Meisterwerk im Museo Whitaker auf Mozia

den sich Reste eines großen *Tempels* der Tanit, der punischen Göttin der Fruchtbarkeit. Außerhalb der Stadtmauer ist eine *Nekropole* auszumachen. Die hier gefundenen Grabbeigaben belegen Handelsverbindungen mit Attika, Korinth und Kleinasien. Im Südwesten führt ein Stichkanal von einem künstlichen Binnenhafen ins Meer. Im **Museo G. Whitaker** (Tel. 09 23 71 25 98, Sommer tgl. 9.30–13.30 und 14.30–18.30, Winter tgl. 9–15 Uhr) werden die Funde Mozias präsentiert. Das spektakulärste Ausstellungsstück, eine griechische *Marmorstatue* (5. Jh. v. Chr.), wurde erst 1979 entdeckt. Sie stellt vermutlich einen karthagischen Priester dar. Außergewöhnlich und rästelhaft sind das feine, eng anliegende Gewand und die erotisch wirkende Haltung der Figur.

13 Marsala

Stadt der Erfolge: Erst kam der Wein, dann der Befreier Garibaldi.

Der Dessertwein *Marsala* hat den Ort – die Araber nannten ihn Marsa-al-Allah, Hafen Gottes – weithin bekannt gemacht. Der Engländer **John Woodhouse** schuf die Grundlagen für diese Weinproduktion 1773, um dem *Portwein* Konkurrenz zu machen. In alten Eichenfässern reift der Marsala mit bis zu 24 % Alkoholgehalt. Die Lagerzeit beträgt bis zu zehn Jahre. Je nach Reife wird er als *Marsala Vergine*, *Fino*, *Speciale* oder *Superiore* bezeichnet. Neben eher trockenen Weinen gibt es auch zahlreiche süße Varianten.

Marsalas antiker Hafen **Lilybaeum** war nach der Zerstörung Mozias durch Syrakus 397 v. Chr. der wichtigste Stützpunkt der Karthager auf Sizilien. Nach dem Ersten Punischen Krieg wurde er 241 v. Chr. römischer *Kriegshafen*. Bedeutend blieb die Stadt auch im Mittelalter unter den Arabern und Normannen. Karl V. ließ den Hafen aus Angst vor algerischen Seeräubern zuschütten. Aber im 18. Jh. wurde der Porto wieder in Betrieb genommen, und so konnte **Giuseppe Garibaldi** am 11. Mai 1860 mit seinen ›Mille‹, den 1000 Frei-

In der Tenuta di Donnafugata von Marsala lagern Weine wie Nero d'Avola und Zibibbo

Licht wie goldener Wein – die Arkadengänge an der Piazza Repubblica von Marsala

willligen, hier landen, um die Bourbonen von der Insel zu vertreiben. Von Sizilien aus setzte Garibaldi seinen Befreiungszug durch Italien fort.

Das antike Lilybaeum erstreckte sich am **Capo Boeo**, das die Westspitze Siziliens markiert. Bislang wurde hier ein römisches Wohnquartier aus dem 3. Jh. n. Chr. freigelegt, die *Insula Romana* (zzt. geschl.) mit Villen und einer Thermenanlage. Derzeit wird wieder gegraben, ein Projekt der Universitäten Palermo und Hamburg (www.lilybaeum.de).

Das **Museo Archeologico Baglio Anselmi** (Tel. 09 23 95 25 35, tgl. 9–18 Uhr) ist in der früheren Weinkellerei Baglio Anselmi untergebracht. Attraktion der Sammlung ist ein 35 m langes *punisches Schiff* aus dem 3. Jh. v. Chr. Nicht weniger als 68 Ruderer sollen nötig gewesen sein, um das 120-Tonnen-Schiff zu bewegen.

Durch eines der Stadttore gelangt man in die Altstadt mit der *Piazza Repubblica*. Diese wird beherrscht vom **Palazzo Pretorio** (18. Jh.), der eine hübsche Loggia besitzt, und vom barocken **Duomo San Tomaso**, der Heiligenstatuen aus der Werkstatt der Gagini birgt.

TOP TIPP Acht *flämische Gobelins* sind die Glanzlichter des **Museo degli Arazzi** (Tel. 09 23 71 13 27, Di–Sa 9.30–13 und 16.30–18, So 9.30–13 Uhr) an der Dom-Rückseite. Die Bildteppiche sind vermutlich ein Geschenk Philipps II. von Spanien an den späteren Erzbischof von Messina, Giovanni Antonio Lombardo. Der wiederum vermachte sie 1589 seiner Geburtsstadt Marsala. Die Gobelins wurden 1563 in der Brüsseler Werkstatt von Cornelis Tons nach Vorlagen des Flamen Pieter de Kempeneers gewirkt. Sie stellen Szenen aus dem *Jüdischen Krieg* (1. Jh. n. Chr.) dar, in dessen Verlauf die Römer die heilige Stadt Jerusalem eroberten.

i Praktische Hinweise

Information

APT, Via XI Maggio 100, Marsala, Tel. 09 23 71 40 97, www.comune.marsala.tp.it

Weinkeller

Cantine Florio, Via Vincenzo Florio, Marsala, Tel. 09 23 78 11 11, www.cantineflorio.it, Mo–Fr 9–17, Sa 9–13 Uhr, Führungen Mo–Fr 10, 11, 15.30, 16.30, Sa 9.30, 10.30, 11 Uhr. 1833 gegründete Traditionskellerei.

Donnafugata, Via S. Lipari 18, Marsala, Tel. 09 23 72 42 45, www.donnafugata.it, Mo–Sa 9–13 und 15–18.30 Uhr. Besichtigung und Weinprobe auf Voranmeldung.

Hotels

***Villa Favorita**, Via Favorita 27, Marsala, Tel. 09 23 98 91 00, www.villafavorita.com. Gepflegtes Hotel mit Bungalows und einem erstklassigen Restaurant.

Villa Rallo, Via Trapani 251, Marsala, Tel. 09 23 73 63 51, www.villarallo.it. Günstiges Bed & Breakfast mit drei Gästezimmern in charmanter Lage am Meer.

Restaurant

Trattoria Garibaldi, Piazza dell'Addolorata 36, Marsala, Tel. 09 23 95 30 06, www.trattoriagaribaldi.com. Schmackhafte sizilianische Küche, sehr gute Vorspeisenteller, frischer Fisch sowie Couscous.

14 Mazara del Vallo

Größter Fischereihafen Siziliens mit einem sensationellen Tänzer.

Die phönizische Hafenstadt Mazara, mit Selinunt verbündet, geriet im Zuge der Eroberung ihres griechischen Partners durch Hannibal 409 v. Chr. in den Besitz der Karthager. Im Ersten Punischen Krieg wurde Mazara römisch. 827 schließlich nahm die arabische Eroberung Siziliens hier ihren Ausgang. Es folgte eine wirtschaftliche Blüte, die sich unter den Normannen fortsetzte. Roger I. hielt hier 1097 das erste normannische Parlament ab.

Sensationeller Fund aus dem Meer – der ›Tanzende Satyr‹ von Mazara del Vallo

Heute hat Mazara del Vallo, einer der bedeutendsten Fischereihäfen, wieder fast arabisches Flair. In seiner **Kasbah** leben nordafrikanischer Gastarbeiter, die als Fischer oder im Weinbau tätig sind.

Ein Wald von Masten ragt über den Wassern des **Porto di Canale** in den Himmel. An der Ostseite des Kanals steht die kleine normannische Kirche **San Nicolò Regale** (12. Jh.), ein schöner quadratischer Bau im byzantinischen Stil.

Weiter südwestlich liegt die barocke Altstadt mit der **Piazza della Repubblica**. Hier stehen der Bischofspalast, ein Seminargebäude mit zweistöckiger Bogenloggia und die **Cattedrale Santissimo Salvatore**. Der normannische, um 1086 errichtete Bau wurde im 17. Jh. barock erneuert. Original erhalten sind der Chor und das Portalrelief mit ›Roger I. zu Pferde‹.

Nahebei lockt das **Museo del Satiro Danzante** (Chiesa di Sant'Egidio, Piazza Plebiscito, Tel. 09 23 93 39 17, tgl. 9–18 Uhr) mit einem erstaunlichen Meisterwerk der Antike. Der ›Tanzende Satyr‹ (4./3. Jh. v. Chr.), eine griechische Bronzestatue von berauschender Grazie und Innigkeit, wurde 1997/98 aus dem Meer geborgen. Auf der Expo 2005 in Japan posierte er gar als Symbolfigur für ganz Italien.

Zum Bauklötze Staunen – die Ruinen des Athena- und Hera-Tempels von Selinunt

i Praktische Hinweise

Information

APT, Piazza Santa Veneranda 2, Mazara del Vallo, Tel. 09 23 94 17 27

Hotel

********Mahara Hotel****, Lungomare San Vito 3, Tel. 09 23 67 38 00, www.maharahotel.it. Elegantes Hotel in einem Stabilimento aus dem 18. Jh. 77 moderne Zimmer und 4 Suiten, zumeist mit Meerblick.

Restaurant

Baby Luna, Lungomare Mazzini, Mazara del Vallo, Tel. 09 23 94 86 22, www.ristorantebabyluna.com. Hier wird, so sagen Sizilianer, das beste Fisch-Couscous weit und breit serviert (Mo geschl.).

15 Selinunt

TOP TIPP *Traumbild der Antike – Tempelruinen mit Blick auf Meer und Dünen.*

Der Besuch von Selinunt (ital. Selinunte) gehört zu den Höhepunkten einer jeden Sizilienreise. Die friedliche Landschaft senkt sich zum Meer, und der Wind türmt säuselnd Sanddünen auf. Seit Jahrtausenden scheint sich hier nichts verändert zu haben. Aus den Dünen aber wurden eines Tages Teile der antiken Stadt ausgegraben. Noch immer wächst hier der wilde Sellerie (griech. Selinon), der der Stadt und einem der beiden Flüsse den Namen gab. Noch immer duftet der Rosmarin, und im Frühjahr gibt ein Blütenmeer den alten Steinen eine malerische Kulisse. Der 284 ha umfassende **Parco Archeologico** (Tel. 09 24 44 62 51, www.selinunte.it, tgl. 9 Uhr bis 1 Std. vor Sonnenuntergang) ist nicht nur die größte Ausgrabung Europas, sondern auch eine der idyllischsten. Das kleine Fischerdorf **Marinella di Selinunte** und sein kilometerlanger, schöner Strand laden zum Verweilen ein.

Geschichte Das fruchtbare Ackerland war sicher der Grund, warum dorische Griechen aus *Megara Hybleia* sich um 650 v. Chr. hier, nahe des karthagischen Hoheitsgebiets, ansiedelten, Häfen anlegten und durch Export schnell reich wurden. Innerhalb eines Jahrhunderts – zwischen 550 und 450 v. Chr. – errichteten sie acht dorische Tempel. Solcher Wohlstand

Auf Stippvisite im Hera-Tempel – Blick in die Cella, wo einst die Kultstatue ihren Platz hatte

provozierte Neid und Rivalität und führte immer wieder zu kriegerischen Grenzkonflikten mit *Segesta*. Als Hannibal den Segestanern 409 v. Chr. zu Hilfe kam, wurde Selinunt erobert und Untertan der *Karthager*. 250 v. Chr. zerstörten diese die Stadt, um sie dem Zugriff der Römer zu entziehen und siedelten die Bewohner nach Lilybaeum [s. S. 55] um. Durch ein gewaltiges *Erdbeben* im 6. Jh. n. Chr. wurden die Spuren Selinunts für lange Zeit ausgelöscht.

Funde wie Öllämpchen mit dem Christusmonogramm belegen, dass das Gebiet in frühchristlicher Zeit besiedelt war, um das 9. Jh. hatten sich hier auch Araber niedergelassen. Das antike Selinunt jedoch wurde erst im 16. Jh. wiederentdeckt. Lange dienten die eingestürzten Tempel als *Steinbruch*, erst König Ferdinand IV. verbot 1779 diese Nutzung. Englische, deutsche und italienische Archäologen begannen im 19. Jh. mit Ausgrabungen, die ersten Metopen wurden 1822 entdeckt. Als Teil der Rekonstruktionsarbeiten richtete man 1927 zunächst eine Säulenreihe des *Herakles-Tempels* auf der Akropolis und schließlich 1958 den gesamten *Hera-Tempel* wieder auf. Während die Grabungen in der *antiken Stadt* andauern, können die zwischen den versandeten Häfen liegende *Akropolis*, das außerhalb der Stadt gelegene *Heiligtum der Demeter Malophorus* und der Östliche Tempelbezirk besichtigt werden.

Östlicher Tempelbezirk

Ein mächtiger Erdwall mit Eingangstor grenzt den Östlichen Tempelbezirk – er lag außerhalb des antiken Selinunt – gegen die heutige Straße ab. Die ausgetretene antike Straße führt zu einem gigantischen Trümmerfeld, aus dem sich der **Tempio di Hera** 1 (Hera-Tempel, auch Tempel E) erhebt. Als jüngster dieser Gruppe um 465–450 v. Chr. erbaut, handelt es sich um einen Ringhallen-Tempel (Peripteros) des klassischen Stils mit je 6 Säulen an den Schmal- und 15 Säulen an den Langseiten. Außerdem sind auch Teile des Gebälks und der *Cella* wieder aufgerichtet worden. Die eindrucksvollen *Metopen*, u. a. ›Hochzeit von Hera und Zeus‹, befinden sich im Museo Archeologico von Palermo [s. S. 32]. Sie waren an der Front- und Rückseite (Pronaos und Opisthodom) der Cella angebracht. Im Inneren der Cella befand sich das *Adyton* genannte Allerheiligste mit der Kultstatue der Hera. Vom Tempel aus hat man übrigens einen wunderbaren Blick auf die vom Meer gerahmte Akropolis.

Als erstes Gebäude in diesem Bezirk entstand um 530 v. Chr. der **Tempio di Atena** 2 (Athena-Tempel, auch Tempel F). Er stellte insoweit eine Sonderform dar, als er überaus schlank in Grundriss und Aufbau war, und die Säulenhalle halbhohe Zwischenwände besaß, die sie nach außen abschirmten. Die dazugehörigen *Metopen* mit Szenen aus der ›Gigantomachie‹ (Kampf der Götter gegen die Giganten) befinden sich ebenfalls in Palermo.

Eines der größten Bauvorhaben der griechischen Antike – neben den Tempeln in *Ephesos* und *Didyma* – war der **Tempio di Apollo** 3 (Apollon-Tempel, auch Tempel G), heute ein riesiger, eindrucksvoller Trümmerhaufen. Mit einem Umfang von 50 x 110 m und einer Höhe von 30 m geplant, wurde er um 520 v. Chr. begonnen. Als um 470 v. Chr. die Arbeiten eingestellt wurden, war der Kolossalbau jedoch keineswegs vollendet, worauf z. B. die noch unkannelierten Säulen hinweisen. Ein Erlebnis ist es, im Inneren des Tempels herumzuklettern. Von oben betrachtet wirken die gewaltigen wild verstreuten Kapitelle, Säulen und Gebälkteile wie Spielzeuge der Giganten.

Akropolis

Über die Strada dei Templi gelangt man zum heutigen Eingang der Akropolis von Selinunt. Von einer mächtigen **Wehrmauer** umgeben und von den zwei versandeten Häfen flankiert, erhebt sich der Tempelberg (Tempel 0, A–D) über dem Meer. Die hohe, abgestufte **Stützmauer** rechts vom Eingang stammt aus der ersten Stadtbauphase (7./6. Jh. v. Chr.).

Im *Hippodamischen System* angelegte, sich rechtwinklig kreuzende Straßen charakterisieren die 30 000 m² umfassende Akropolis. Hippodamos von Milet hatte diese modern anmutende Stadtplanung nach Sizilien gebracht.

Vorbei an Resten kleinerer Tempel gelangt man zum **Tempio di Ercole** 4 (Herakles-Tempel, auch Tempel C), der als ältester der Stadt um 550 v. Chr. erbaut wurde. Die 1927 wiederaufgerichtete Säulenfolge verdeutlicht Merkmale des archaischen Baustils. Im Unterschied zu den klassischen Formen des Hera-Tempels herrschen hier in allen Bauteilen und in den Proportionen Erdschwere und große Volumen vor, manche Säulen sind sogar

Farben für die Götter

Dem heutigen Betrachter präsentieren sich antike Tempel und Skulpturen in vornehmer Blässe, und es fällt schwer, sie sich im Originalzustand, d. h. bunt bemalt, vorzustellen. Die »edle Einfalt und stille Größe«, welche der erste große Archäologe Johann Joachim Winckelmann den antiken Werken zuschrieb, war in bezug auf ihre Farblosigkeit eine Illusion. Denn die **Polychromie** griechischer Tempel – eine reiche Bemalung in Rot, Blau, Schwarz und Grün – lässt sich an Funden wie dem farbenfrohen plastischen Giebeldekor des **Herakles-Tempels** von Selinunt nachweisen. Die wegen des Mangels an Marmorvorkommen aus Kalkstein erbauten Tempel Siziliens wurden mit Marmorstuck verputzt und dann bemalt. Eine gute Vorstellung vom Aussehen eines solchen archaischen Tempels gibt das **Modell des Apollon-Tempels** von Syrakus im dortigen Museo Archeologico [s. S. 87].

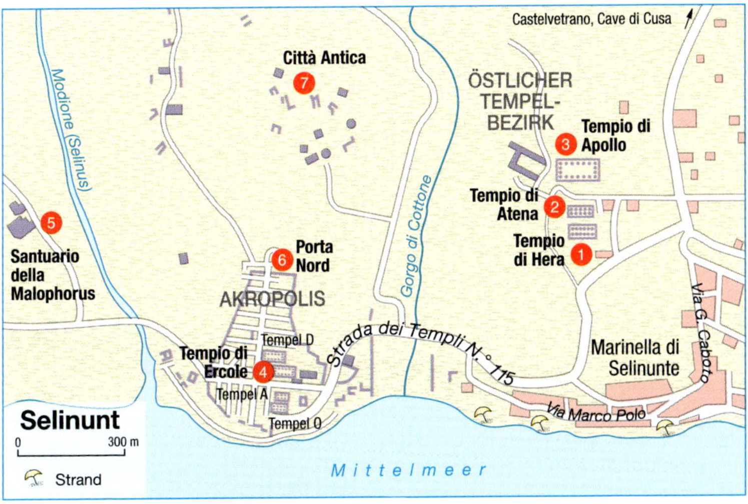

›Der Riss‹ – *Alberto Burris Mahnmal erinnert an das vom Erdbeben 1968 ausgelöschte Gibellina*

noch monolithisch (aus einem Stück gefertigt). Später wurden Säulen aus Trommeln zusammengesetzt. Im Palermitaner Museo Archeologico [s. S. 32] werden die *Metopen*, u. a. ›Herakles und die Kerkopen‹, ebenso präsentiert wie das bunt bemalte Giebelfeld des Tempels, in dem die *Gorgo Medusa* als hypnotisch-abwehrende Hüterin des Heiligtums wacht.

Beim Herakles-Tempel führt eine Straße nach Westen. Außerhalb der Akropolis zweigt ein Weg ab zum **Santuario della Malophorus** 5 (Heiligtum der Demeter Malophorus), der Erd- und Fruchtbarkeitsgöttin. Der heilige Bezirk – ein bedeutender Kultplatz der griechischen Welt – liegt am Weg zur Nekropole von Selinunt und ist dem Totenkult gewidmet. Demeter wurde hier gemeinsam mit ihrer Tochter Persephone, der Göttin der Unterwelt, verehrt [s. S. 74]. Zum ummauerten Areal, dem *Temenos*, gehören Opferaltäre und ein Tempel. Vor dem dorischen *Propylon* (Eingangshalle) und links neben einem Brunnen sind Reste des kleinen **Hekate-Heiligtums** erhalten. Hier wurde jene Göttin verehrt, die mit ihren Fackeln den Toten den Weg ins Jenseits leuchtete. Hinter dem Demeter-Tempel liegen Reste des **Zeus-Meilichios-Heiligtums**. Gehuldigt wurde hier dem todbringenden Sühnegott Zeus.

Zurück auf der Akropolis gelangt man über die Nord-Süd-Achse, vorbei an Resten von Wohnhäusern, zur **Porta Nord** 6. Sie war Teil einer eindrucksvollen und mächtigen Festungsanlage, die nach 409 v. Chr. errichtet wurde. Jenseits erstreckt sich das Gebiet der **Città Antica** 7 (Antike Stadt), die noch immer unter den Dünen begraben ist.

Bei **Campobello di Mazara**, etwa 18 km nordwestlich von Selinunt, kann man die antiken Steinbrüche **Cave di Cusa** besichtigen. Auf diesem Gelände wurden Säulen für den Apollon-Tempel von Selinunt hergestellt. Verschiedene Stadien der Gestaltung sind hier durch Arbeitsspuren und Fundstücke dokumentiert, von den flachen Rinnen, die den Radius der Säulen vorgaben, über bereits aus dem Kalkstein gearbeitete Schäfte bis zu den fertigen Trommeln, die wie gigantische Steinräder auf dem Weg liegen.

i Praktische Hinweise

Hotel

****__Hotel Admeto__, Via Palinuro 3, Marinella di Selinunte, Tel. 092 44 67 96, www.hoteladmeto.it. Zweckmäßiger Hotelbau mit modernen Zimmern. Herrlicher Blick vom Frühstücksraum in der 4. Etage auf Meer und Ruinen.

Restaurant

Pierrot, Via Marco Polo 108, Marinella di Selinunte, Tel. 092 44 66 88. Eine gute Adresse für Fischgerichte – wird jedoch von Busladungen voller Tagestouristen überschwemmt. Freitags Couscous.

16 Gibellina

TOP TIPP *Gescheitertes Projekt einer Retortenstadt mit künstlerischem Anspruch.*

In der Nacht zum 14. Januar 1968 zerstörte ein verheerendes *Erdbeben* zahlreiche Orte im Belice-Tal, etwa 400 Menschen verloren damals ihr Leben, rund 100 000 ihr Zuhause. Viele von ihnen verharrten fast 15 Jahre lang in Barackensiedlungen bei Salemi, obwohl der Staat Geld zum Wiederaufbau zur Verfügung gestellt hatte. Doch dieses versickerte, wie so oft auf Sizilien, in den Händen von Beamten oder Mafiosi. Es entstand schließlich – in der sicheren Ebene – **Gibellina Nuova** als *Kunststadt*, errichtet nach Plänen berühmter Architekten wie Paolo Portoghesi und Vittorio Gregotti.

Als Stadttor von Gibellina Nuova fungiert Pietro Consagras Stahlskulptur *Porta di Ferra* (1980). Der damalige Bürgermeister Ludovico Corrao hatte italienische Künstler eingeladen, die neue Stadt mitzugestalten, und sie stifteten moderne Kunst im Überfluss. Sie stellten mit der Kirche **La Grande Sfera** sogar eine futuristische Kugel auf. Dieses Werk ragt wie eine bedrohlich blendende Sonne hinter dem **Museo d'Arte Contemporanea** auf, in dem weitere Werke jener Grüderzeit gezeigt werden. Doch die Stadtstruktur mit zweistöckigen Reihenhäusern, Gärten und breiten Straßen, konzipiert nach dem Vorbild englischer Gartenstädte, stieß bei der Bevölkerung auf wenig Gegenliebe. Jahrzehnte später ist Gibellina Nuova noch immer ein Ort ohne Seele mit leeren Plätzen und Straßen, und manche Bauten wie die Sfera verfallen.

16 km durch die Berge sind es zur Ruinenlandschaft des alten **Gibellina**. Mit mehreren hundert Quadratmetern Beton hat der umbrische Künstler *Alberto Burri* die Stadt selbst in ein riesiges Grab verwandelt. ›*Il Cretto*‹, der Riss, heißt sein ursprünglich weißes, weithin sichtbares Mahnmal, das sich mittlerweile farblich der Umgebung angepasst hat. Kanalartige Gänge führen über die mittelalterlichen Straßenzüge hinweg zum Zentrum des vernichteten Ortes.

TOP TIPP Alljährlich im September wird das Kunstwerk zur Bühne, wenn anlässlich der **Orestiade** (Fondazione Orestiadi, Baglio di Stefano, Gibellina, Tel. 092 46 78 44, www.orestiadi.it) renommierte Regisseure die ›Orestie‹ von Aischylos (um 458 v. Chr.) inszenieren.

Aischylos ganz modern – Trilogie um die mörderische Familiengeschichte des Orestes

Agrigent und die Mitte Siziliens – Landschaften voller göttlicher Geschichten

Wer sich **Agrigent** von Selinunt aus nähert, gelangt über eine Autobahn, die auf hohen Stelzen schöne Täler überfliegt, schnell in eine moderne, geräuschvolle Stadt. Der ersten Enttäuschung über die gesichtslose Hochhausarchitektur folgt die Versöhnung, wenn man über schmale Treppen und Gassen das Herz der Altstadt entdeckt. Die eigentliche Attraktion jedoch ist das **Valle dei Templi**, das Tal der Tempel, mit fünf griechischen Heiligtümern, die zu den bedeutendsten antiken Zeugnissen auf Siziliens zählen. Landschaftlich reizvoll ist die Fahrt von Agrigent ins Landesinnere. Lässt man die Küste hinter sich, so zeigt Sizilien schon bald ein anderes Gesicht. Die Straße verläuft durch eine hügelige, fruchtbare Gegend, hier und da thronen Dörfer einsam auf Bergkuppen. Die 950 m hoch gelegene Stadt **Enna**, geographischer Mittelpunkt der Insel, gewährt an klaren Tagen Aussichten sowohl zu den *Madonie* im Norden als auch zum *Ätna* im Osten. Das Highlight im Landesinneren aber ist nahe Piazza Armerina die antike **Villa Romana del Casale** mit ihren einzigartigen und unterhaltsamen Fußbodenmosaiken.

17 Agrigent

Agrigent, einst »schönste der sterblichen Städte« beeindruckt heute noch mit dem schönsten Tempel Siziliens.

Die Stadt Agrigent (ital. Agrigento, 59 000 Einw.), stellenweise vom architektonischen Wildwuchs des 20. Jh. entstellt, würde trotz seiner durchaus ansprechender Altstadt sicherlich keine Scharen ausländischer Touristen anlocken. Doch dank der glanzvollen Vergangenheit des antiken *Akragas*, das heute 2 km südlich des modernen Zentrums liegt, zählt die Stadt an der Südküste Siziliens zu den ganz großen touristischen Glanzlichtern. Gleich **fünf Tempel** entstanden innerhalb einer kurzen Blütezeit von nur einem Jahrhundert entlang der antiken Stadtmauer und können heute im *Valle dei Templi* besichtigt werden. Der *Concordia-Tempel* gehört gar zu den imposantesten und besterhaltenen griechischen Tempeln überhaupt.

Geschichte Um 582 v. Chr. gründeten griechische Kolonisten aus Gela den Ort Akragas auf zwei Hügeln in der Nähe des gleichnamigen Flusses. Das fruchtbare Hinterland und die Nähe zum Meer ermöglichten einen raschen wirtschaftlichen Aufschwung. Unter dem Tyrannen **Phalaris** (570–554 v. Chr.), erster namentlich bekannter Herrscher von Akragas, erlebte die Stadt eine erste Blüte und dehnte ihren Machtbereich bis in karthagisch besiedeltes Gebiet aus. Vermutlich entstand in jener Zeit auch die Stadtmauer, die unterhalb der später errichteten Tempel zwischen den Flusstälern verlief.

Die Herrschaft des Tyrannen **Theron** (488–472 v. Chr.) läutete dann die Glanzzeit von Akragas ein. Zusammen mit seinem Schwiegersohn, *Gelon von Syrakus*, errang er 480 v. Chr. in der *Schlacht von Himera* einen bedeutenden Sieg über die Karthager. Mit den erlangten Reichtümern und unter Einsatz karthagischer Kriegsgefangener wurde dann der Bau der berühmten Tempel in Angriff genommen. Auf einer Hügelkette zum Meer hin gelegen, avancierten diese prachtvollen Heiligtümer zu weithin sichtbaren Symbolen des Triumphes der Griechen über die Karthager. *Pindar*, wohl der bedeutendste griechische Lyriker, besang das Akragas jener Tage in der 12. Pythischen Ode als »glanzliebende, schönste der sterblichen Städte.«

Eine Zeit großen Wohlstands folgte: »Die Agrigentiner essen, als ob sie morgen sterben, und sie bauen, als ob sie ewig leben wollten«, sagte Empedokles (483–423 v. Chr.), Philosoph, Arzt und demokratischer Regent nach dem Tod Therons. Doch die Blütezeit war nur von kurzer Dauer – dem raschen Aufstieg folgte ein ebenso rascher und tiefer Fall. Die erneuten Auseinandersetzungen zwischen Griechen und Karthagern endeten 406 v. Chr. mit einer Niederlage für Akragas. 210 v. Chr. waren es die **Römer**, die die fortan *Agrigentum* genannte Stadt besetzten. Als die **Araber** 827 das Gebiet eroberten, fanden sie ein weitgehend entvölkertes Tal vor, die prächtige antike Stadt war zu einer unbedeutenden Siedlung verkommen. Unter den **Normannen**, die das arabische *Girgenti* 1087 einnahmen und zum Bischofssitz machten, erlebte der Ort eine kurze Blüte, bevor er für lange Zeit in der Versenkung verschwand. Erst im 20. Jh. erlebte Agrigent, auch dank seines Hafens *Porto Empedocle*, einen neuerlichen Aufschwung.

Trotz großen Altersunterschieds glücklich – das junge Agrigent und der alte Dioskuren-Tempel

Das höchste Gut – der Concordia-Tempel von Agrigent ist vollendete Harmonie ▷

Valle dei Templi

Die Parkplätze am Ausgrabungsgelände sind knapp und teuer. Einfacher erreicht man das antike Akragas mit dem Linienbus 2 vom Bahnhofsvorplatz aus. Der **Parco Archeologico della Valle dei Templi** (Tel. 0922621611, www.parcovalledeitempli.it, tgl. 8.30–19 Uhr) wird von der *Via Passeggiata Archeologica* durchschnitten. Die Tempel und andere antike Bauten liegen verstreut zu beiden Seiten der Straße. Im östlichen Tempelbezirk reihen sich die Heiligtümer entlang der Via Sacra aneinander.

Zunächst stößt man auf die Überreste des **Tempio di Ercole** 1 (Herakles-Tempel), der um 500 v. Chr. errichtet wurde und damit der älteste der Stadt ist. Nach einem Erdbeben stürzte das Bauwerk ein, Teile der Nord- und Ostseite rutschten den Hang hinab. Die acht heute aufragenden Säulen der Südseite wurden während einer Restaurierung 1923 wiederaufgerichtet. Unterhalb der Tempelanlage befindet sich die sog. **Tomba di Terone** 2 (Grab des Theron), die jedoch aus römischer Zeit stammt und daher nicht als Grabstätte des griechischen Staatsmannes aus dem 5. Jh. v. Chr. in Frage kommt.

Folgt man nun der Via Sacra, gelangt man zunächst zur **Villa Aurea** 3, in deren Garten christliche Katakomben und Felsgräber zu besichtigen sind, und weiter zum **Tempio della Concordia** 4 (Concordia-Tempel). Der Name des zwischen 450 und 425 v. Chr. erbauten Heiligtums ist keineswegs gesichert, vielmehr will-

Schlagzeilen vom Olymp

Jedes Boulevardmagazin müsste vor Neid erblassen ob der Schlagzeilen, welche die griechische Götterwelt mit ihren unglaublichen Irrungen und Wirrungen hätte produzieren können. Salopp gesagt war **Zeus** und seiner weitverzweigten Familie aus Göttern und Halbgöttern nichts Menschliches fremd. Seine Schwester und Gattin **Hera** verzehrte sich ständig vor Eifersucht um den untreuen Zeus und nahm Rache an ihren ›Rivalinnen‹ und deren Kindern. Im harten Kampf ums Überleben wurden diese ›außerehelichen‹, von Heras Hass verfolgten Zeus-Kinder jedoch stets zu Helden.

Auf Sizilien sind die ältesten Tempel einem dieser tragischen Heroen, dem Menschenfreund und ›Muskelprotz‹ **Herakles**, geweiht. Metopenreliefs preisen seine ›Zwölf Taten‹, durch die er die Erde von Unholden und Ungeheuern befreite. Nach vielen Leiden wurde Herakles schließlich erlöst und in den Olymp aufgenommen.

Doch zurück zu den Göttinnen – sie zeichneten sich auch in der zweiten Generation durch eine kämpferische Haltung aus, vor allem, wenn es darum ging, ihre Jungfräulichkeit zu verteidigen. Die kriegerische **Athena** und die Jägerin **Artemis** kannten kein Pardon mit der Männerwelt. Nur **Aphrodite**, die Göttin der Liebe, machte selbstverständlich eine Ausnahme. Sie wurde ungerechterweise mit dem hässlichsten aller Götter, dem Waffenschmied **Hephaistos**, verheiratet und entbrannte schließlich in Leidenschaft zum Kriegsgott **Mars**. Aus dieser Verbindung der Gegensätze ging netterweise die Tochter **Harmonia** hervor.

kürlich gewählt, wie bei den meisten anderen Tempel Agrigents auch. Der Concordia-Tempel zählt neben dem *Hephaistos-Tempel* in Athen und dem *Poseidon-Tempel* in Paestum zu den besterhaltenen griechischen Sakralbauten überhaupt.

Auf einem vierstufigen Unterbau erheben sich 34 Säulen samt ihrer Kapitelle, darüber ruhen Gebälk und Giebel. Allein das Dach ist irgendwann einmal eingestürzt. Seinen hervorragenden Erhaltungszustand verdankt das Bauwerk der Umwandlung in eine christliche **Basilika** durch Bischof Gregorius II. von Agrigent im 6. Jh. n. Chr. Noch heute erinnern die Bögen, die damals in die Cella-Wände gebrochen wurden, an die christliche Phase im Lebenslauf des Tempels.

Über einem steilen Felsvorsprung an der Südostecke der Stadtbefestigung erheben sich die Reste des **Tempio di Hera** 5 (Hera-Tempel). Von den ursprünglich 34 Säulen des um die Mitte des 5. Jh. v. Chr. errichteten Heiligtums haben 25 unbeschadet die Zeit überdauert. Vom höchstgelegenen Bauwerk des Tempel-Ensembles bietet sich ein schöner Ausblick auf das Ausgrabungsgelände im Tal.

Jenseits der Via dei Templi liegt der westliche Tempelbezirk. Passiert man die Pforte neben dem Parkplatz, stößt man zunächst auf die Kopie eines liegenden, 7,50 m großen **Telamons**, eines Gebälkträgers, und kurz darauf auf die gewaltigen Trümmer des **Tempio di Giove Olimpico** 6 (Tempel des Olympischen Zeus). Mit seinen riesigen Ausmaßen von 56,3 x 113,5 m im Fundament war er einst der größte dorische Tempel, errichtet mit Hilfe von 25 000 karthagischen Kriegsgefangenen. Anders als der typische griechische Ringhallen-Tempel besaß der Zeus-Tempel keine Rundsäulen, sondern *Halbsäulen*, die in die Außenwände eingelassen wurden. Eine weitere Besonderheit waren die weiblichen und männlichen Telamone, die auf halber Höhe zwischen den Halbsäulen angebracht waren und das Gebälk trugen. Im hiesigen Museo Archeologico befindet sich das letzte Original dieser Giganten, denen kein Gebälk zu schwer zu sein scheint. Der Zeus-Tempel selbst wurde im Volksmund übrigens treffend *Giganten-Palast* genannt. Allerdings erlebte dieser megalomane Tempel nie seine Vollendung. Er war als

Athena und das archaische Lächeln – die schöne Göttin der Weisheit und des Kampfes

Symbol des Triumphes über die Karthager geplant, doch es waren es eben jene, die 406 v. Chr. die Stadt eroberten und mit ihr den Tempel zerstörten.

Reste des **Tempio di Castore e Polluce** 7, der den Dioskuren Castor und Pollux geweiht war, können im angrenzenden Bezirk der *chtonischen Gottheiten*, der Götter der Unterwelt, besichtigt werden. Der Tempel wurde Mitte des 5. Jh. v. Chr. errichtet und bereits in hellenistischer Zeit restauriert. Ende des 19. Jh. stand man vor einem gewaltigen Trümmerhaufen und bastelte sich einen ›neuen‹ Dioskuren-Tempel zusammen. Die vier über Eck stehenden klassischen Säulen tragen seitdem ein hellenistisches Gebälk. Diese willkürliche Rekonstruktion aber avancierte in Folge zum Wahrzeichen der ganzen Stadt und zu einem beliebten Fotomotiv. In der Umgebung sieht man noch die Überbleibsel weiterer Tempel und zahlreiche Opferaltäre.

Das kranke Kind – rührende Darstellung vom Schicksal eines kleinen Römers

Gegenüber vom Tempel befindet sich der Eingang zum **Giardino della Kolymbetra** 8 (tgl. 10–18 Uhr). Dieses Tal war dank eines unter Theron angelegten Bewässerungssystems bereits in griechischer Zeit fruchtbar gemacht worden. Hier wurde bis weit ins 20. Jh. hinein Obst und Gemüse angebaut. Dann verwilderte der Garten, bis sich die Umweltstiftung *Fondo Ambiente Italiano* (FAI, www.fondoambiente.it) seiner annahm. Inzwischen präsentiert sich das Tal wieder als grüne Oase. Man kann zwischen Orangen- und Zitronen-, Oliven- und Mandelbäumen wandeln und picknicken.

Das **Museo Archeologico Regionale** 9 (Contrada San Nicola, Tel. 09 22 40 15 65, Di–Sa 9–19, So/Mo 9–13 Uhr) oberhalb der Tempelzone zeigt kostbare Funde aus dem antiken Akragas: Skulpturen, Vasen, Sarkophage, Architekturfragmente, Alltagsgerät, Schmuck und Münzen.

Bekanntestes Exponat ist der ›Ephebe von Agrigent‹ (Saal 10), die Marmorskulptur eines Jünglings aus der Zeit um 490 v. Chr. Auch ein römischer *Kinder-Sarkophag* aus dem 2. Jh. v. Chr. (Saal 11) mit den rührenden Darstellungen von Krankheit, Tod und Begräbnis eines Knaben ist eine eingehende Betrachtung wert. Ein schönes Beispiel aus der Vasensammlung ist ein um 435 geformter und bemalter *Krater* (Saal 3). Den bauchigen Weinkrug schmückt eine Darstellung von Perseus, der im Begriff ist Andromeda zu befreien. Sie war an einen Felsen gebunden worden und sollte dem Meerungeheuer Keto geopfert werden.

Ein für die Rekonstruktion des *Zeus-Tempels* wichtiges Stück ist in Saal 6 ausgestellt, der einzige im Original erhaltene *Telamon*, ein Gebälkträger. Anhand der 7,50 m hohen Figur und eines *Modells* des Tempels kann man sich annähernd eine Vorstellung von den riesigen Ausmaßen der Anlage machen.

Von edler Einfachheit und göttlicher Größe

Von den verschiedenen Tempelformen und Säulenordnungen, die sich in der griechischen Baukunst schon früh entwickelten, begegnet ein Typus den Reisenden in Sizilien und Unteritalien immer wieder: der Peripteros (Ringhallen-Tempel) **dorischer** Säulenordnung.

Fern der Heimat hielten die Kolonisten im Wesentlichen an den im griechischen Mutterland entstandenen Bauformen fest. Im Tempelinneren, der **Cella** oder dem Naos, den man durch einen kleinen Vorraum, den Pronaos, betrat, war das **Götterbild** aufgestellt. Der dem Pronaos entsprechende rückseitige Raum heißt Opisthodom. Beim **Peripteros** wird die Cella von einem einfachen umlaufenden Säulenkranz gerahmt. Die **Säulen** des dorischen Tempels erheben sich ohne Basis und Plinthe (Sockel) direkt auf einem mehrstufigen Unterbau. Das dorische **Kapitell**, der Säulenkopf, setzt sich zusammen aus dem bauchigen Wulst, Echinus genannt, und der quadratischen Deckplatte, dem Abakus. Das Gebälk besteht aus einem schmucklosen Tragbalken, dem Architrav, und dem darüber liegenden **Metopen-Triglyphen-Fries**. Bei diesem Fries wechseln Triglyphen, schmale, dreifach vertikal eingekerbte Platten, und die breiteren, mit Reliefs verzierten Metopen einander ab. Weiterer Skulpturenschmuck ist im **Tympanon**, dem Giebelfeld an der Vor- und Rückseite des Tempels, angebracht.

Die griechischen Kolonien in Unteritalien und Sizilien kamen durch Handel und militärische Erfolge rasch zu Reichtum. Die Siedler dankten den Göttern durch Tempelbauten, die zum Teil gigantische Ausmaße erreichten. Im griechischen Mutterland ist nichts erhalten, was mit der Fülle an monumentalen Tempeln in **Agrigent** und **Selinunt** sowie im süditalienischen Paestum vergleichbar wäre. Exemplarisch kann man in Agrigent die stilistische Entwicklung des dorischen Tempels von der **Archaik** (700–500 v. Chr.) zur **Klassik** (500–330 v. Chr.) studieren.

Innerhalb nur weniger Jahrzehnte entstanden hier drei dorische Tempel. Der älteste von ihnen, der um 500 v. Chr. datierte **Herakles-Tempel**, besitzt noch alle Merkmale der Spätarchaik, eine langgestreckte Cella und einen Kranz von 6 zu 15 Säulen. Seine Kapitelle formen einen ausladenden Echinus aus.

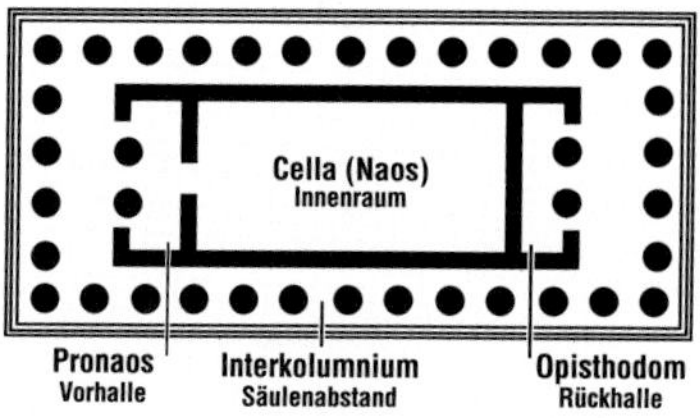

Die beiden anderen Heiligtümer, der Mitte des 5. Jh. errichtete **Hera-Tempel** und der zwischen 450 und 425 v. Chr. erbaute **Concordia-Tempel**, gehören bereits der Klassik an, wobei letzterer in Formen und Proportionen schon deren höchste Vollendung darstellt. Hier haben die Cella und die Ringhalle mit 6 zu 13 Säulen schon die archaische Längsstreckung aufgegeben. Auch die dorischen Säulen sind nun viel schlanker, und der Echinus hat seine Schwellung verloren. Der Abstand zwischen den einzelnen Säulen, das Interkolumnium, ist gegenüber dem eines archaischen Baus deutlich verringert.

Der **Zeus-Tempel** von Agrigent hingegen weicht erheblich vom Typus des dorischen Ringhallen-Tempels ab. Als **Pseudo-Peripteros** besitzt er keine Rundsäulen, sondern auf allen vier Seiten mit der Cellawand verbundene Halbsäulen. Ungewöhnlich sind ebenfalls die zwischen den Halbsäulen ruhenden Telamone, die Gebälkträger, und der Grundriss mit 7 zu 14 Säulen.

Die benachbarte **Chiesa di San Nicola** 10 beherbergt den *Sarkophag der Phaedra* – vermutlich die römische Kopie eines griechischen Originals, dessen Reliefs die tragische Liebe der Phaedra zu ihrem Stiefsohn Hippolytos erzählen.

Auf der anderen Straßenseite ist das schachbrettartig angelegte **Quartiere ellenistico-romano** 11 (Hellenistisch-römisches Wohnviertel) zu besichtigen. Reste von Wasserleitungen und zum Teil recht gut erhaltene *Fußbodenmosaike* mit geometrischen Mustern und mythologischen Figuren gibt es hier zu entdecken.

Noch ein Stück weiter gelangt man zu einem Friedhof und darüber hinaus zur kleinen normannischen Kirche **Chiesa di San Biagio** 12, die im 11. Jh. auf den Fundamenten eines Demeter-Tempels errichtet wurde. Ein Treppenweg führt hinunter zu den Überresten des **Santuario Rupestre di Demetra** 13, der ältesten Kultgrotte des antiken Agrigent. Hier wurden bereits in vorgriechischer Zeit, im 8./7. Jh. v. Chr., Gottheiten verehrt. Die Griechen übernahmen das Felsenheiligtum später und weihten es der Göttin Demeter.

Altstadt

Auf dem **Piazzale Aldo Moro** 14 kann man sich in einem Café unter Palmen, mit Blick auf das Tal, von der Tempel-Tour erholen und die Erkundung der Altstadt beginnen. Hier verläuft die *Via Atenea*, die Haupt- und Geschäftsstraße des modernen Agrigent. Folgt man ihr bis zur Piazza Lena, führt links die *Via Saponara* in einigen Treppenstufen hinauf zur **Chiesa Santa Maria dei Greci** 15. Sie wurde im 11. Jh. auf den Resten eines *dorischen Tempels* erbaut. Hier lag einst die Akropolis des antiken Akragas.

Über eine breite Freitreppe erreicht man den **Duomo San Gerlando** 16 (tgl. 9.30–12.30 und 16–18 Uhr) aus dem Jahr 1099, der sich an der höchsten Stelle der Altstadt erhebt. Auch er wurde über einem antiken Tempel, einem Zeus-Heiligtum, errichtet. An seine normannische Entstehungszeit erinnert allerdings nur noch

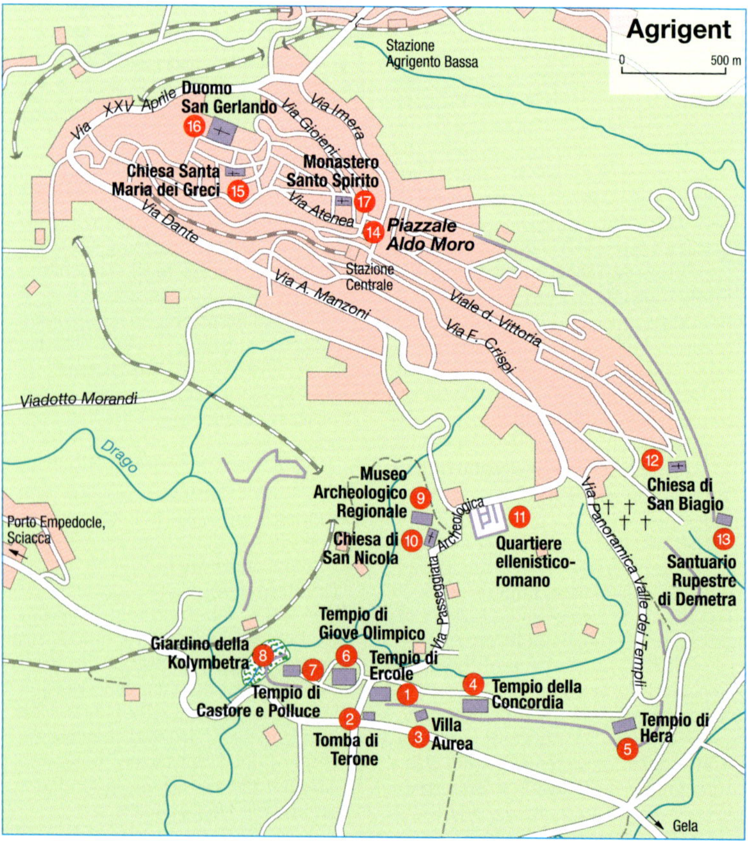

der gewaltige Glockenturm, die übrige Kirche wurde durch spätere Umbauten verändert. 1966 beschädigte ein Erdrutsch den Innenraum. Bei der anschließenden Restaurierung wurde der mittelalterliche Zustand weitgehend wiederhergestellt. Nur auf die prächtige Holzdecke von 1518 im Langhaus und auf den barocken Chor wollte man nicht verzichten.

Oberhalb der Via Atenea steht das **Monastero Santo Spirito** 17 (www.monasterosantospiritoag.it, Mo–Fr 9–13 und 15–18, Sa 9–13 Uhr), das 1299 von der Adelsfamilie Chiaramonte für *Zisterzienserinnen* gestiftet wurde. Im Chor der Kirche prangen Stuckarbeiten von *Giacomo Serpotta* mit herrlichen Szenen zur Kindheit Jesu. Katalanische Gotik prägt den Klosterhof mit Kreuzgang und Kapitelsaal. Heute werden Kirche und Klostergebäude als *Stadtmuseum* und *Gemäldegalerie* genutzt. Letztere zeigt Werke sizilianischer Künstler des 19. Jh., darunter Landschaften von Francesco Lojacono.

Ausflug

Im 4 km südwestlich gelegenen Vorort Caos kann die **Casa Natale di Luigi Pirandello** (Tel. 09 22 51 18 26, tgl. 9–13 und 14–19 Uhr) besichtigt werden. Das Geburtshaus des Dichters *Luigi Pirandello* (1867–1936), der 1934 den Nobelpreis für Literatur erhielt, dokumentiert Leben und Werk dieses großen Dramatikers.

Praktische Hinweise

Information

AAST, Piazzale Aldo Moro, Agrigent, Tel. 09 22 20 04 54, www.comune.agrigento.it

Hotels

TOP TIPP *******Villa Athena**, Via Passeggiata Archeologica 33, Agrigent, Tel. 09 22 59 62 88, www.hotelvillaathena.it. Gediegenes Hotel in einem Palazzo aus dem 18. Jh. vis-à-vis des Concordia-Tempels, mit Garten, Pool und Panoramaterrasse.

******Colleverde Park Hotel**, Via Panoramica dei Templi, Agrigent, Tel. 09 22 29 55 55, www.colleverdehotel.it. Modernes Gebäude in einem Park mit schönem Blick auf das Tal der Tempel.

Corte dei Greci, Cortile Zeta 3, Agrigent, Mobil-Tel. 38 04 59 00 12, www.cortedeigreci.it. Stilvolles B & B in restaurierten Altstadthäusern um einen Innenhof.

Hoch hinaus – der Duomo San Gerlando reckt sich über Agrigent in den Himmel

Restaurants

Kalòs, Piazzetta San Calogero, Agrigent, Tel. 09 22 26 63 89. Ausgesprochen gut zubereitete Regionalküche am Rande der Altstadt.

Kokalos, Via Cavaleri Magazzeni 3, Valle dei Templi, Agrigent, Tel. 09 22 60 64 27, www.ristorante-kokalos.com. Das rustikale Lokal bietet Pizza, aber auch leckere sizilianische Speisen und gute Weine.

Le Caprice, Via Cavaleri Magazzeni, Tel. 09 22 41 13 64. Gute Regionalküche in einem schönen Garten mit Blick auf das Valle dei Templi (Fr geschl.).

Versunken – Fresko mit Heiligen in der Klosterkirche von Santo Spirito (13. Jh.)

Schnorcheln ohne Grenzen – Wassernixen an der Spiaggia dei Conigli von Lampedusa

18 Isole Pelagie

Die südlichsten Punkte Italiens.

Fast 200 km südlich von *Selinunt* und nur 100 km von der tunesischen Küste entfernt liegen **Lampedusa** (20 km^2) und **Linosa** (5 km^2), die zusammen mit dem unbewohnten *Lampione* die Gruppe der Isole Pelagie (6000 Einw.), der Pelagischen Inseln, bilden und die südlichsten Punkte Italiens darstellen. Geologisch gehören sie allerdings schon zum afrikanischen Kontinent. Zum Landschaftsbild mit kargen Bergen, vielen Kakteen, dramatischen Steilküsten und felsgerahmten Buchten gesellen sich auch einige schöne Sandstrände. Vor den Küsten locken faszinierende Tauchgründe.

Die Einwohner der Pelagen leben überwiegend von Fischerei und Landwirtschaft, im Sommer aber auch vom *Tourismus*, denn hier verbringen zahlreiche Italiener vom Festland ihren Urlaub.

Ganz ohne Badesachen, und doch direkt aus dem Meer kommen andere Besucher, die *Unechten Karettschildkröten* (Caretta caretta). Sie suchen einige der hiesigen Strände zur Eiablage auf. Eigens für diese vom Aussterben bedrohten Tiere wurden 2002 Teile der Inselgruppe als *Riserva Marina Isole Pelagie* unter Naturschutz gestellt.

i Praktische Hinweise

Information

Pro Loco, Via Vittorio Emanuele 89, Lampedusa, Tel. 09 22 97 13 90

Flughafen

Aeroporto di Lampedusa, Tel. 09 22 97 02 09. Wird von Palermo und Trapani angeflogen.

Schiff

Siremar, Tel. 89 21 23 (in Italien), Tel. 00 39/02 26 30 28 03 (aus dem Ausland), www.siremar.it. Fähren gehen von Porto Empedocle (6 km südwestlich von Agrigent) nach Linosa (7 Std.) und Lampedusa (9 Std.).

Hotel

****Baia Turchese**, Spiaggia Guitgia, Lampedusa, Tel. 09 22 97 04 55, www.lampedusa.to/baiaturchese. 70 komfortable Zimmer, die meisten von ihnen mit Meerblick.

Restaurant

Terra del Sole, Via Vittorio Emanuele 28, Lampedusa, Tel. 09 22 97 00 72, www.terradelsolelampedusa.com. Spezialitäten des zentral gelegenen Restaurants sind natürlich Fisch und Meeresfrüchte.

19 Caltanissetta

Berühmter Wochenmarkt, den schon Goethe auf seiner Sizilien-Reise besuchte.

Die Provinzhauptstadt Caltanissetta (61000 Einw.) ist der größte Ort im Innern Siziliens. Im 19. Jh. wurden in den zur Stadt gehörigen Gruben 80% des Schwefelbedarfs der Welt gefördert. Die Bergwerke sind heute größtenteils stillgelegt. Damals aber waren sie berüchtigt, weil hier unter den primitivsten Bedingungen gearbeitet werden musste.

Caltanissetta ist nicht so reich an kunsthistorischen Schätzen wie andere Orte Siziliens. Doch in der **Altstadt**, um die *Piazza Garibaldi*, warten einige schöne Kirchen und anmutige Plätze darauf, entdeckt zu werden. In den Gassen des Zentrums findet wochentags außerdem ein bunter **Markt** statt. Häufig trifft man noch auf Marktschreier, die mit rauer Stimme die Angebote des Tages ausrufen. Hier bekommt man Fisch und Fleisch, Obst und Gemüse, Käse und Brot, also alles, was das Herz begehrt. Übrigens: dieser Markt hat Tradition, denn bereits *Johann Wolfgang von Goethe* kaufte hier vor über 200 Jahren ein.

In der **Settimana Santa**, der Karwoche, steht Caltanissetta ganz im Zeichen dreier Prozessionen (www.settimanasantacaltanissetta.it). Die Feierlichkeiten beginnen am Mittwoch und enden am Freitag. Am Abend des Gründonnerstags wird die berühmte *Processione delle Vare* veranstaltet. Unter großer Anteilnahme der Bevölkerung werden Szenen der Passion Christi anhand von 16 tragisch inszenierten Skulpturengruppen vergegenwärtigt.

i Praktische Hinweise

Information

Pro Loco, Largo Badia, Caltanissetta, Tel. 09 34 58 16 98, www.prolococaltanissetta.it

20 Enna

›Nabel Siziliens‹ und höchstgelegene Provinzhauptstadt.

»Als die Jäger oben auf dem Berg anlangten, tat sich zwischen den spärlichen Tamarisken und Korkeichen das Bild des wahren Sizilien vor ihnen auf, ein Bild, demgegenüber barocke Städte und Orangengärten nichts sind als unwesentlicher Flitter: eine Dürre, die sich rund ins Unermessliche wellte von Höhenrücken zu Höhenrücken, und diese waren wie irrational, sie lähmten den Mut, ihre Hauptlinien konnte der Sinn nicht fassen, weil sie in einem Moment des Fieberwahns der Schöpfung geschaffen schienen: ein

Wie die Szene aus einer Verdi-Oper – die Karfreitagsprozession der Incapucciati in Enna

Verschachteltes Stadtgebilde in Höhenlage – Enna wird auch der Nabel Siziliens genannt

Meer, das plötzlich Stein geworden ist in dem Augenblick, da ein Umschwung des Windes es hochgepeitscht hat zu wahnwitzigen Wogen.«

So beschreibt *Giuseppe Tomasi di Lampedusa* in ›Il Gattopardo‹ (1958) die Landschaft, wie sie sich im fiktiven ›Donnafugata‹ nördlich von Agrigent zeigt. Auf die Umgebung von Enna trifft diese Beschreibung im Wesentlichen zu. Denn nur das Grün im Frühjahr und das goldene Licht des Frühsommers, wenn die Kornfelder reif und noch nicht abgeerntet sind, mildern den Eindruck einer gleichzeitig mächtigen Öde.

Geschichte ›Nabel Siziliens‹ nannte der Grieche Kallimachos das antike Enna. Aufgrund seiner strategisch günstigen Lage auf einem knapp 1000 m hohen Bergrücken im Zentrum der Insel war der Ort zu allen Zeiten überaus gefragt.

Während des Ersten Punischen Krieges wurde Enna zunächst von den Karthagern besetzt, 258 v. Chr. schließlich von den Römern befreit. 135 v. Chr. organisierte der syrische Sklave *Eunus* einen Aufstand gegen die römischen Machthaber, dem sich viele tausend Sklaven anschlossen. Erst 132 v. Chr. konnten die Römer den Ersten Sklavenkrieg für sich entscheiden. Die Araber eroberten *Castrum Hennae* 859 und machten es als *Casr Jani* zum Verwaltungssitz eines Emirs. 1087 quartierten sich die Normannen ein und gaben der Stadt den Namen *Castrogiovanni*. Stauferkaiser Friedrich II. ließ hier im 13. Jh. eine ältere Festung zum Castello di Lombardia ausbauen. Im ausgehenden Mittelalter sank die Bedeutung der Stadt. Erst im 20. Jh. ging es für die Bevölkerung, die in der Landwirtschaft, insbesondere der Viehzucht, ihre Haupterwerbsquelle hat, wieder aufwärts, diesmal mit Rückbesinnung auf den alten griechischen Namen der Stadt. Seit 2004 ist Enna Sitz einer **Universität**, es ist die vierte Siziliens, mit heute 12 000 Studenten.

Besichtigung Enna (28 000 Einw.) besticht schon von weitem durch seine Lage auf dem *Monte Giuliano* (968 m). Bedeutendste Sehenswürdigkeit ist das mächtige **Castello di Lombardia** (tgl. 9 Uhr bis 1 Std. vor Sonnenuntergang), die Festung Friedrichs II., welche die schmal zulaufende Ostseite des Felsplateaus beherrscht. Von ehemals 20 *Wehrtürmen* sind heute nur noch sechs erhalten. Der TOP TIPP mit 24 m höchste von ihnen, die **Torre Pisana**, bietet einen unvergleichlichen Blick auf das Umland, an klaren Tagen sogar bis zum *Ätna*. In einem der drei großen Innenhöfe der Burg werden in den Sommermonaten Theaterstücke und Konzerte aufgeführt.

Unterhalb des Kastells ragt der Felsen **Rocca di Cerere** empor. Hier ließ *Gelon*, der Regent von Syrakus, 480 v. Chr. einen Tempel für die Fruchtbarkeitsgöttin Demeter errichten, deren Kult eine große Rolle in der Region spielte. Von dem Heiligtum blieb allerdings nichts erhalten.

Ein unterirdischer Gang führte einst vom Castello di Lombardia zu dem im Südwesten der Stadt aufragenden **Torre di Federico II.** (Mo–Sa 8–18, So/Fei 9–13 Uhr). Der 26 m hohe achteckige Turm, das Mittelstück einer Wehranlage aus dem 13. Jh., gewahrt ebenfalls eine weite Sicht über Sizilien.

Zentrum des mittelalterlichen Enna ist der **Duomo Maria Santissima della Visitazione** (tgl. 9–12 und 16–19 Uhr), 1307 erbaut, im 15. Jh. niedergebrannt, im 16. Jh. barock erneuert. Das *Innere* der dreischiffigen Basilika besticht durch seine reiche Ausstattung. Die skulptierten Säulenkapitelle sowie das Tauf- und Weihwasserbecken sind Werke der *Künstlerfamilie Gagini*. Man beachte außerdem die prächtige Holzdecke über dem Mittel- und Querschiff, das Chorgestühl und die im Stil der katalanischen Gotik restaurierte linke Seitenapsis. Hinter dem Dom liegt das **Museo Alessi** (zzt. geschl.), das archäologische Funde der Umgebung, den reichen Domschatz und eine große Münzsammlung präsentiert.

Alljährlich am Karfreitag findet in Enna das **Incapucciati**, das Fest der Kapuzenträger, statt. Dann ziehen 15 Gilden in ihren historischen Gewändern unter Trommelwirbel mit den Figuren der Jungfrau Maria und des in einem Sarg aus Glas liegenden Christus von den anderen Kirchen der Stadt zum Dom.

i Praktische Hinweise

Information

Servizio Turistico Regionale, Piazza Napoleone Colajanni 6, Enna, Tel. 09 35 50 08 75, www.comune.enna.it

Hotel

***__Grande Albergo Sicilia__**, Piazza Napoleone Colajanni 7, Enna, Tel.

Sizilien schreibt – vom Gattopardo bis zu Montalbano

Sizilien hat in den vergangenen 100 Jahren mehr bedeutende Schriftsteller hervorgebracht als jede andere italienische Region, die beiden **Nobelpreisträger** Luigi Pirandello (1934) und Salvatore Quasimodo (1959), Giovanni Verga, Giuseppe Tomasi di Lampedusa, Vitaliano Brancati, Elio Vittorini, Leonardo Sciascia und Vincenzo Consolo.

Pirandellos berühmtestes Drama, ›Sechs Personen suchen einen Autor‹, wird auch an deutschen Bühnen häufig gespielt. **Sciascia** beschreibt in seinen zeitkritischen Romanen die Probleme der sizilianischen Gesellschaft. **Giuseppe Tomasi di Lampedusa** hat mit ›Il Gattopardo‹ (1958) den Schlüsselroman über den Untergang des sizilianischen Hochadels im 19. Jh. verfasst, und von **Verga** stammt die durch Pietro Mascagnis Opernerfolg bekannt gewordene ›Cavalleria Rusticana‹, eine Sammlung sizilianischer Dorfgeschichten.

Der 1925 in Porto Empedocle geborene Autor **Andrea Camilleri** feiert seit 1994 mit einer Serie von Kriminalromanen große Erfolge. Titel wie ›Die Form des Wassers‹, ›Die Nacht des einsamen Träumers‹, ›Das kalte Lächeln des Meeres‹ und ›Die schwarze Seele des Sommers‹, stehen regelmäßig auf den obersten Plätze der italienischen Bestsellerlisten, denn alle lieben Camilleris Hauptfigur, den eigenwilligen Commissario Salvo Montalbano, der mit viel Witz zwischen Mafiabossen, ehrenwerten Unternehmern und gesellschaftlichen Randexistenzen ermittelt und heute weltweit als Inbegriff sizilianischer Lebensart gilt. Übrigens: er isst für sein Leben gern und sinniert viel über Literatur.

Vielleicht ist Montalbano seinem Erfinder Andrea Camilleri wie aus dem Gesicht geschnitten

Parade und Turnier stolzer Normannen – der Palio dei Normanni in Piazza Armerina

09 35 50 08 50, www.hotelsiciliaenna.it. Angenehmes, nostalgisch möbliertes Hotel in der Altstadt, in Domnähe, mit hervorragendem Restaurant. Frühstück wird auf der Dachterrasse serviert.

Restaurant

Ristorante Centrale, Piazza VI Dicembre 9, Enna, Tel. 09 35 50 09 63. Alteingesessenes Lokal mit regionalen Gerichten.

Hades entführt Tochter der Korngöttin

Demeters Tochter **Kore** soll beim Blumenpflücken am Lago di Pergusa unweit von Enna entführt worden sein. Durch einen Erdspalt brach **Hades**, der Herr der Unterwelt, hervor, um sie in sein Reich zu holen. Sie verfiel ihm und wurde unter dem Namen **Persephone** seine Frau.

Demeter, die Göttin der Fruchtbarkeit, suchte in der Zwischenzeit verzweifelt die ganze Erde nach ihrer Tochter ab. Derweil verbreiteten sich Dürre und Hungersnot. Schließlich verriet ihr **Helios**, der Sonnengott, den Aufenthaltsort ihres Kindes. Um Demeter zu trösten, beschloss **Zeus**, dass Persephone zwei Drittel des Jahres bei ihrer Mutter verbringen sollte – während dieser Zeit kehrt die Fruchtbarkeit auf die Erde zurück – und ein Drittel in der Unterwelt.

21 Piazza Armerina und Villa Romana del Casale

Ein altes Bergstädtchen und eine römische Villa mit Mosaiken.

Piazza Armerina zählt zu den sehenswertesten innersizilianischen Bergorten und verfügt über einen lebhaften Markt. Die Altstadt gruppiert sich um den **Duomo Santissima Assunta**, der am höchsten Punkt einer 720 m hohen Bergkuppe ruht. Der barocke Bau entstand zu Beginn des 16. Jh. auf den Resten einer älteren Kirche, von der ein schöner *Glockenturm* im Stil der katalanischen Gotik erhalten ist.

Alljährlich am 12.–14. August findet in der Altstadt ein farbenfrohes Historienspiel statt, der **Palio dei Normanni**, der an die Befreiung von der arabischen Herrschaft durch die Normannen unter *Roger I.* im Jahr 1061 erinnert. Der Umzug durch die Gassen und die Ritterturniere locken jedes Jahr zahlreiche Schaulustige an.

Die Stadt ist Ausgangspunkt für einen Ausflug zu einer der bedeutendsten Sehenswürdigkeiten Siziliens, einer 6 km entfernten römischen Villa.

Top Tipp: Villa Romana del Casale

Bereits im 18. und 19. Jh. wurden in einem Tal am Monte Mangone Mosaiksteinchen gefunden. Erste systematische Grabungen fanden jedoch erst im 20. Jh. statt, und man stieß auf die Villa Romana del Casale (Mobil-Tel. 33 92 65 76 40, www.villaromanadelcasale.it, wegen Restaurierung bis voraussichtlich Frühjahr 2011 eingeschränkte Öffnungszeiten). Erste Sondierungsgrabungen erfolgten 1929 und 1935–39, ab 1950 begann man mit der Freilegung des gesamten Gebäudekomplexes. Zum Vorschein kamen Mosaike, die sich über eine Fläche von mehr als **3500 m²** erstrecken. Aufgrund des Figurenrepertoires sowie der Kleidermode und der Haartracht konnten die Darstellungen in das 4. Jh. n. Chr. datiert werden. Stil und Arbeitstechnik verraten nordafrikanische Einflüsse. So nimmt man an, dass afrikanische Künstler zumindest einen Teil der Arbeiten ausgeführt haben. Der gute Erhaltungszustand der Mosaike ist einem Erdrutsch zu verdanken, der im 12. Jh. die Villa mit Schlammlawinen bedeckte und die Decken und Teile der Wände zum Einsturz brachte.

Die Villa Casale gehört seit 1997 zum **UNESCO-Weltkulturerbe**. Sie zählt zu den prächtigsten römischen Landsitzen überhaupt. Wer sie erbauen ließ, konnte allerdings bis heute nicht geklärt werden. Zunächst war vermutet worden, sie sei als Jagdsitz des von Diokletian geschätzten *Maximianus Herculius* genutzt worden, dem der Kaiser die Herrschaft über das Westreich übertragen hatte. Neuere Deutungen gehen von einem späteren Baubeginn aus und nennen als möglichen Erbauer *Proculus Popolonius*, der unter Kaiser Konstantin sowohl in den afrikanischen Provinzen als auch auf Sizilien höchste Ämter innehatte.

Besichtigung An der Kasse der Villa Romana del Casale ist ein Übersichtsplan erhältlich. Um einen großen *Peristylhof* gruppieren sich private und repräsentative Räume, Wandelhallen und verschiedene Innenhöfe. Angeschlossen ist eine großzügige *Thermenanlage*. In den insgesamt über 50 Räumen finden sich neben ornamentalen und emblematischen auch figürliche Darstellungen aus der Mythologie und aus dem römischen Alltag der Oberschicht in spätrömischer Zeit.

Der moderne Eingang befindet sich im Westen, dort, wo sich die Thermen ausbreiten. Man betritt sie durch das **Frigidarium [1]** (Kaltbad), dahinter liegen **Tepidarium [2]** (Lauwarmbad) und **Caldarium [3]** (Warmbad). Die Mosaike nehmen jeweils Bezug auf die Nutzung der Räumlichkeiten. So sind in den Thermen Darstellungen des Meeres, des Gottes Okeanus sowie der Meeresbewohner, der Nereiden und Tritonen, zu besichtigen.

Der antike Haupteingang der Villa lag südlich der Thermen. Ein monumentaler,

Giganten unter Beschuss – Todeskampf der schlangenfüßigen Göttergegner in der Villa Casale

Melancholischer Löwe und besorgter Amor – putziges Stimmungsbild aus der Antike

dreibogiger *Portikus* und ein dahinter liegendes **Atrium [4]** bildeten Vorhof und Aufenthaltsraum für Besucher. Eine offene Halle führt zum **Großen Peristyl [5]**, dem säulengerahmten Innenhof. Die Mosaike zeigen geometrische Muster, aber auch Tiermotive.

Der **Narthex der Thermen [6]** birgt eines der beeindruckendsten Mosaike der gesamten Anlage, die Darstellung eines Wagenrennens im Circus Maximus. Vier Wagenlenker stehen am Start und warten auf das Zeichen. Gleichzeitig spielt ein Musikant schon für den Sieger, dem der Preisrichter einen Palmenzweig überreicht. Ein trapezförmiges **Vestibül [7]** verbindet das Hauptperistyl mit der Thermenanlage. Hier ist die Hausherrin mit ihren Kindern und zwei Dienerinnen auf dem Weg zum Bad abgebildet.

Die meisten der nördlichen Wohngemächer sind nur noch fragmentarisch mit Mosaiken bestückt. Doch lohnt es sich, einen Blick in einige von ihnen zu werfen, z. B. in den **Prunkraum [8]** mit der in fünf Szenen geschilderten *Kleinen Jagd*. Die Mosaike zeigen ein Opferritual für Jagdgöttin Diana und verschiedene Jagdszenen, z. B. eine Hirsch- und eine Saujagd, den Angriff eines Ebers auf einen Jäger sowie ein Gelage.

Das **Ambulacrum [9]**, die Wandelhalle mit der *Großen Jagd*, leitet zu Empfangs- und Privaträumen über. Es gilt als gesichert, dass nordafrikanische Künstler hier Szenen aus ihrer Heimat schufen. Geschildert wird eine Großwildjagd und das Verladen von lebenden Tieren auf Schiffe, um sie für Zirkusspiele in die römischen Arenen zu transportieren.

Unter den südlichen Räumen verdient besonders das **Zimmer der Bikini-Mädchen [10]** Erwähnung. Die reizende Darstellung von zehn jungen Mädchen in antiken Bikinis hat die Villa Casale weltberühmt gemacht. Man sieht die grazilen Sportlerinnen mit Hanteln und beim

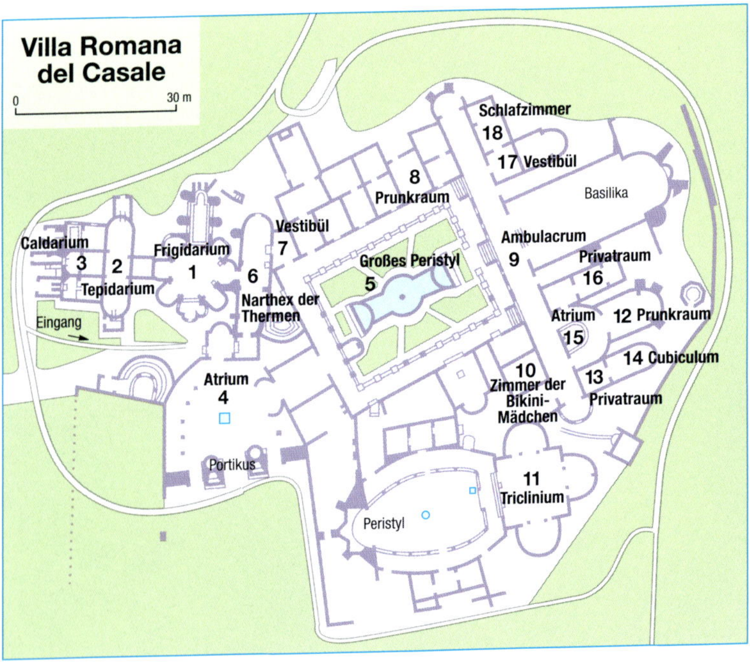

Der modische Zweiteiler, eine Erfindung der Antike – das Mosaik der Bikini-Mädchen (4. Jh.)

Ballspiel, zum Schluss bei der Siegerehrung mit Palmwedel und Blütenkranz.

Im **Triclinium [11]** (Speisesaal), das man über das ellipsenförmige Peristyl erreicht, beeindrucken die gewaltigen, fast barock gestalteten Szenen aus den ›Zwölf Taten des Herakles‹. Neben den Rossen des Diomedes, der Schlange, die die Äpfel der Hesperiden hütet, dem Höllenhund Zerberos und anderen Episoden seiner Abenteuer ist auch die Apotheose des Helden Herakles dargestellt.

Südlich von der Basilika schließen sich Wohn- und Kinderzimmer an. Im **Prunkraum [12]** tummeln sich originelle, farbenprächtig gestaltete Meeresbewohner vom Fisch bis zum Ungeheuer.

Von den Mosaiken der anschließenden Zimmer begeistert vor allem der **Privatraum [13]** mit der Darstellung der *Kinder* bei einem Wagenrennen mit Vogelgespannen. Im **Cubiculum [14]** findet ein Musikwettbewerb zwischen zwei Chören statt. Links neben dem **Atrium [15]** sieht man Pan und Eros beim Wettstreit, im dahinter liegenden **Privatraum [16]** üben sich Kinder in der Jagd.

Nördlich der Basilika folgen drei weitere Gemächer. Im dazugehörigen **Vestibül [17]** ist eines der zahlreichen Abenteuer dargestellt, die *Odysseus* während seiner Irrfahrten erlebte. Odysseus und seine Gefährten werden vom einäugigen Zyklopen *Polyphem* (zusätzlich zu seinem Auge auf der Stirn besitzt er noch zwei

Adonis und Aphrodite – zärtliches Liebespaar im Schlafzimmer der Villa Casale

Himmel über Caltagirone – süßes Dasein auf der Dachterrasse des B & B Tre Metri Sopra il Cielo

normale Augen) in dessen Höhle nahe des Ätna festgehalten. Sie versuchen, das Ungeheuer betrunken zu machen, um aus der Höhle fliehen zu können. Vom Vestibül führt der Weg weiter ins **Schlafzimmer [18]**. Hier sind Adonis und Aphrodite in inniger Umarmung dargestellt, von Fruchtbarkeitssymbolen gerahmt.

i Praktische Hinweise

Hotel

****Mosaici da Battiato**, Contrada Paratore 8, Tel. 09 35 68 54 53, www.hotelmosaici.com. Die einfache, aber freundliche und gepflegte Herberge liegt an der Straße zur Villa Casale.

22 Caltagirone

In der Keramikstadt bestehen sogar die Treppenstufen aus Majolikafliesen.

Das Städtchen Caltagirone (40 000 Einw.) steht ganz im Zeichen einheimischer Keramik-Produktion. Überall in der Ortschaft, die sich über drei Hügel erstreckt, stößt man auf Mauern, Brücken und Häuser, die mit Tonarbeiten geschmückt sind. Katalanische Formen und Motive dominieren und mischen sich mit normannischen und arabischen Elementen.

Top Tipp: Glanzstück der Keramikkunst von Caltagirone ist die **Scalinata di Santa Maria del Monte** an der Piazza Umberto, eine 1608 von *Giuseppe Giacalone* gestaltete Majolikatreppe. Sie führt mit 142 Stufen, von denen jede anders gestaltet ist, zur Barockkirche Santa Maria del Monte hinauf. Seit vier Jahrhunderten findet in den Nächten vom 24. bis 26. Juli zu Ehren des Stadtpatrons *San Giacomo* ein Lichterfest, **La Scala illuminata**, statt, bei dem die Treppe von einem in Mustern organisierten Kerzenmeer erleuchtet wird. (Top Tipp)

Im **Museo Regionale della Ceramica** (Via Roma, Tel. 093 35 84 18, tgl. 9–18.30 Uhr) kann man die Entwicklung der Tonwaren von der Antike bis in die Gegenwart verfolgen. Gezeigt werden Arbeiten aus griechischer, römischer, arabischer und normannischer Zeit. Das Museum liegt im Park *Giardino Pubblico*, der gleichfalls mit Keramikarbeiten geschmückt ist.

Zahlreiche Läden rund um die Piazza Umberto I und die Piazza del Municipio bieten Keramikartikel an, doch wirklich hochwertige Stücke, zu erkennen an zartgelben Blüten, blaugrünen Blätterranken und feinster Glasur, findet man nur in Fachgeschäften (s. u.).

Im Norden von Caltagirone, in der Via Luigi Sturzo, erhebt sich die **Chiesa San Giorgio**. Ihr bemerkenswertestes Ausstattungsstück ist das Gemälde ›Geheimnis der Dreifaltigkeit‹ (15. Jh.) am zweiten Altar vor der Apsis, ein Meisterwerk des Flamen *Rogier van der Weyden*.

Praktische Hinweise

Information

Servizio Turistico Regionale, Via Volta Liberti 3, Caltagirone Tel. 093 33 53 80 9, www.comune.caltagirone.ct.it

Keramik

Ceramiche Francesco Boria, Via Abate Meli 16, Caltagirone, Tel. 093 35 52 22, www.ceramicheboria.com.

Le Maioliche di Riccardo Varsallona, Viale Cristoforo Colombo 33, Caltagirone, Tel. 093 32 61 67, www.maiolichevarsallona.com.

Hotel

******Grand Hotel Villa San Mauro**, Via Portosalvo 14, Caltagirone, Tel. 093 32 65 00, www.nh-hotels.de. Angenehmes Hotel mit Schwimmbad.

Tre Metri Sopra il Cielo, Via Bongiovanni 72, Caltagirone, Tel. 093 31 93 51 06. Gemütliches Bed & Breakfast mit herrlichem Panorama bei Santa Maria del Monte.

Restaurant

La Scala, Scala Santa Maria del Monte 8, Caltagirone, Tel. 093 35 77 81, www.lascala ristorante.it. Hervorragende italienische Standards und sizilianische Spezialitäten.

23 Gela

Erdölfelder, Raffinerien, Öltanker und eine dorische Säule.

Die Augen tränen, und die Bronchien reagieren gereizt: Einen Ausflug nach Gela, wo seit den 1950er-Jahren *Erdöl- und Erdgasfelder* ausgebeutet werden und die *Petrochemie* gedeiht, kann man nur denen empfehlen, die unbedingt sehen wollen, wo Kolonisten aus Kreta und Rhodos 690 v. Chr. eine ihrer bedeutendsten Städte gründeten. Der Tyrann **Gelon** führte solange Kriege mit den Nachbarn, bis er als Herrscher über ganz Südostsizilien regierte. 282 v. Chr. zerstörten Mamertiner die Stadt. Kaiser Friedrich II. gründete sie mit dem Namen Terranova neu. Das würde auch gut zum heutigen Stadtbild passen, doch seit 1927 gilt wieder der antike Name.

Nur eine einzige dorische *Säule* vom Athena-Tempel auf der antiken *Akropolis* im Osten der Stadt hat die Jahrhunderte einigermaßen überstanden. Daneben befindet sich im Westen von Gela mit der Festungsanlage von **Capo Soprano** ein Stück der 1948 entdeckten, sehr gut erhaltenen griechischen Stadtmauer. Beide Monumente erinnern an die ruhmreiche Vergangenheit der Stadt.

Im **Museo Regionale Archeologico** (Tel. 09 33 91 26 26, tgl. 9–18.30 Uhr, letzter Mo im Monat geschl.) am Corso Vittorio Emanuele kann man Funde aus Gela und Umgebung von der Vorgeschichte bis zum Mittelalter betrachten, darunter auch eine umfangreiche Münzsammlung.

Wo man steigend auf Blüten wandelt – Scalinata di Santa Maria del Monte, Caltagirone

Syrakus und der Südosten – antike Weltstadt und sizilianischer Barock

Syrakus – wohl kaum ein Sizilienbesucher wird sich dem Lockruf der bedeutendsten antiken Stadt der Insel entziehen können. Hier begann im 8. Jh. v. Chr. die Zeit der griechischen Kolonisten. Blühende Handelsstädte entstanden entlang der Küste, und **Syrakus** entwickelte sich zur mächtigsten von ihnen. Auch hier wie in den anderen auf die Antike zurückgehenden Stadtgründungen Siziliens sind die Spuren der griechischen Vergangenheit allgegenwärtig. So hat sich im *Parco Archeologico della Neapoli* von Syrakus das größte griechische *Theater* auf italienischem Boden erhalten. Nur einen Steinwurf entfernt liegen eines der größten Amphitheater der Römer und der monumentale Altar Hierons II. Auch die Insel *Ortigia* begeistert mit Baudenkmälern aus Antike und Barock, wobei der Duomo eine einzigartige Verbindung aus beiden Epochen darstellt. Und schon ist man beim Thema **sizilianischer Barock**. Die prächtigsten Bauten dieser Zeit entstanden nach dem *Erdbeben von 1693*, das zahlreiche Städte im Südosten zerstört hatte. Denn aus den Trümmern erhoben sich blühende Barockstädte wie **Ragusa**, **Modica** und das unvergleichliche **Noto**. Sie gehören alle, genau wie Syrakus, heute zum UNESCO-Weltkulturerbe.

24 Syrakus

Von legendären griechischen Tyrannen regierte Millionenstadt.

Syrakus (ital. Siracusa), die bedeutendste Stadt des antiken Sizilien, ist heute zwar von Industriegebieten und gesichtslosen Wohnvierteln umgeben, doch im Zentrum offenbart sie sich als Perle der Antike und des Barock. Syrakus' Altstadt konzentriert sich fast ausschließlich auf **Ortigia**, eine durch zwei Brücken, Ponte Nuovo und Ponte Santa Lucia, mit dem Festland verbundene Insel. Das Bild prägen enge Gassen, malerische Plätze, schöne Kirchen, vornehme Palazzi und dazwischen Zeugnisse aus griechischer Zeit. Man sollte es sich gönnen, auf Ortigia zu wohnen, denn hier führt jeder Schritt durch die reiche Geschichte der Stadt. Zugleich kann man auf Ortigia gemütlich flanieren und abends in den Cafés mit Blick auf den Hafen in Gesellschaft der

Buona notte, Siracusa – die Insel Ortigia und die Quelle Fonte Aretusa bei Laternenschein ▷

Syrakusaner das Ambiente genießen. In der Neustadt **Neapoli** wiederum liegt der *Parco Archeologico* mit seinen antiken Theatern, Altären und Steinbrüchen.

Geschichte Auch wenn die ersten griechischen Kolonisten sich weiter östlich in *Naxos* [s. S. 109] niederließen – die griechische Geschichte Siziliens begann erst mit der Gründung von Syrakus durch Siedler aus Korinth **734 v. Chr.** Sie bemächtigten sich der strategisch günstig gelegenen Insel Ortigia, die bereits im 10.–8. Jh. v. Chr. von Sikulern besiedelt gewesen war.

Die neuen Bewohner trennten das etwa 1 km² große Ortigia durch einen Kanal vom Festland ab und legten anschließend einen Damm an. Die griechische Kolonie erlebte einen raschen wirtschaftlichen Aufstieg, dem eine 300 Jahre währende Blütezeit folgte. 485 v. Chr. eroberte der Tyrann **Gelon** von Gela den Stadtstaat. Nach seinem gemeinsam mit Theron von Agrigent errungenen Sieg über die Karthager bei Himera 480 v. Chr. entwickelte sich Syrakus zu einer der mächtigsten und zugleich prächtigsten Städte des Mittelmeerraums und zog berühmte Dichter und Philosophen wie *Aischylos, Pindar* oder *Platon* an.

Lange Jahre konnten alle militärischen Angriffe von außen abgewehrt werden, 414 v. Chr. versuchte es Athen, 405 v. Chr. Karthago. Erst die **Römer** erwiesen sich als übermächtige Gegner. Ein Bündnis mit Karthago gegen Rom besiegelte das Schicksal von Syrakus. **212 v. Chr.** eroberte Rom die Stadt, die in der Folge in politische Bedeutungslosigkeit versank. Damals war es auch, dass der berühmte Mathematiker **Archimedes** (um 287–212 v. Chr.) auf tragische Weise ums Leben kam. Archimedes hatte sich mit der Erfindung von allerlei Kriegsgerät um die Verteidigung seiner Heimatstadt Syrakus verdient gemacht. Gerade war er bei der Lösung eines geometrischen Problems, da trat ein römischer Eroberer auf die Zeichnungen, die Archimedes in den Sand gemalt hatte. »Störet meine Kreise nicht!«, rief der Wissenschaftler irritiert und wurde dafür von dem rohen Krieger erschlagen.

Auch die byzantinische, arabische und normannische Zeit vermochte es nicht, der Stadt ihre einstige Bedeutung zurückzugeben. *Palermo* hatte sich im Laufe der Jahrhunderte zur führenden Metropole Siziliens entwickelt. Heute ist Syrakus mit 126 000 Einwohnern die viertgrößte Stadt der Insel und eines ihrer wirtschaftlichen Zentren. 2005 wurde sie zusammen mit Pantalica [Nr. 25] zum **UNESCO-Weltkulturerbe** erklärt.

Ortigia

Kommt man vom Festland, stößt man kurz hinter den beiden Brücken, die die Neustadt mit der Insel Ortigia verbinden, auf die *Piazza Pancali* mit den Ruinen eines dorischen Tempels. Dieser **Tempio di Apollo** 1 (Apollon-Tempel) aus dem 6. Jh. v. Chr., das älteste Heiligtum der Stadt, vielleicht sogar der ganzen Insel, besaß mit 6 Säulen in der Breite und 17 Säulen in der Länge Ausmaße von 24 x 58 m. Der langgestreckte Grundriss und die sehr breiten und flachen Kapitelle sind typisch für die *archaische Zeit*. Im Mittelalter wurde das Bauwerk erst von einer byzantinischen Kirche, dann von einer Moschee, später von einer normannischen Basilika und zuletzt von einer spanischen Kaserne überbaut.

Der Weg von hier zum Hafen lässt sich mit einem Bummel über den lebhaften **Markt** verbinden, der sich werktags zwischen Apollon-Tempel und Porta Marina ausbreitet. Angeboten werden Obst und Gemüse, Fisch und Fleisch, Haushaltswaren und Kleider. Die anschließende Flaniermeile **Foro Italico** 2 ist besonders an Sonntagen ein überaus beliebter Treffpunkt der Syrakusaner. Weiter geht es zum kleinen **Aquarium** 3 (Mobil-Tel. 333 167 44 61, www.aquariumsr.it, tgl. 10–19, im Sommer bis 22 Uhr), dessen verschiedenen Abteilungen dem Mittelmeer, den Seen Afrikas, dem südamerikanischen Amazonas sowie den Korallenriffen der Tropen gewidmet sind.

Unweit entspringt die berühmte **Fonte Aretusa** 4, die Quelle einer Nymphe. Die Existenz dieser Süßwasserader in unmittelbarer Nähe zum Meer war Anlass für eine rührende griechische Sage: Der Flussgott *Alphaios* überrraschte die Waldnymphe *Arethusa* beim Bade im Fluss und verliebte sich in sie. Um seinen Annäherungen zu entgehen, stürzte sich Arethusa ins Meer. Artemis verwandelte die Nymphe daraufhin in eine Quelle. Alphaios aber, der Sohn des Meeresgottes Okeanos, eilte ihr nach und vermischte seine Wasser mit dem ihren. Das halbkreisförmig angelegte Wasserbecken ist heute mit *Papyrusstauden* bewachsen. Papyrus, der auch am nahen Fluss Ciane [s. S. 88] wächst, ist in Europa überaus selten. Papyrus-Bögen, in Ägypten seit dem 3. Jt. v. Chr. aus den Stängeln der Pflanze hergestellt, werden heute in Syrakus als Souvenirs angeboten.

◁ *Barocke Hülle, antiker Kern – Bewunderer vor dem Duomo delle Colonne von Syrakus*

Die Südspitze von Ortigia nimmt das **Castello Maniace** 5 (Tel. 0931464420, tgl. 9–13 Uhr) ein, benannt nach dem byzantinischen Feldherrn *Maniakes*. Dieser konnte Syrakus 1038 für kurze Zeit den Arabern entreißen und legte die Festung an. Ihr heutiges Erscheinungsbild, ein quadratischer Bau mit vier Ecktürmen, entstammt allerdings größtenteils der Erweiterung 1232–40 unter *Friedrich II.* Zwei hellenistische *Bronzewidder* aus dem Umkreis des Lysipp flankierten einst das Haupttor. Nur einer von ihnen überlebte die Zeitläufte und wird heute im Museo Archeologico [s. S. 32] von Palermo gezeigt. Das *Innere* des Castello Maniace besteht aus einem gigantischen dreischiffigen Saal, dessen Kreuzgratgewölbe auf mächtigen Säulen ruht.

Auf dem Rückweg ins Zentrum von Ortigia bietet sich der Besuch der **Galleria Regionale di Palazzo Bellomo** 6 (Via Capodieci, Tel. 0931695511, Di–Sa 9–18.30, So 9–13 Uhr) an. Im Obergeschoss des alten Stauferpalastes aus dem 13. Jh. werden bedeutende Gemälde gezeigt, darunter eine ›Verkündigung‹ (1474) von *Antonello da Messina* und das ›Begräbnis der hl. Lucia‹ (1609) von *Caravaggio*. Außerdem sieht man Architekturfragmente und Skulpturen der frühchristlichen Epoche sowie byzantinische Sakralkunst.

Die *Piazza Duomo*, ein mandelförmig geschnittener Platz, wird von eleganten Palazzi gerahmt. Glanzpunkt aber ist der **Duomo Santa Maria delle Colonne** 7 (tgl. 8–18 Uhr) mit seiner beschwingten Barockfassade. Der an

TOP TIPP

Eines Kaisers würdig – der gigantische Saal des Castello Maniace aus der Zeit Friedrichs II.

dieser Stelle im 5. Jh. v. Chr. in Erinnerung an die siegreiche Schlacht von Himera errichtete *Tempel der Athena* wurde im 7. Jh. n. Chr. in eine dreischiffige Basilika umgewandelt. Die Säulenhalle des dorischen Tempels wurde zu diesem Zwecke zugemauert, seine Cella aber zum Mittelschiff umfunktioniert und deren Seitenwände arkadenförmig durchbrochen, sodass endlich eine dreischiffige Basilika entstand. Schon wenn man den Dom von der *Via Minerva* aus betrachtet, erkennt man die eingemauerten antiken *Säulen* und *Kapitelle*. Noch deutlicher aber sind die Spuren der griechischen Vergangenheit im *Kircheninneren*, das von den im-

Aischylos und ›Die Perser‹ – Tragödien werden im Theater von Syrakus seit 2500 Jahren gespielt

posanten dorischen Säulen der Halle und des Pronaos sowie dem mächtigen Quadermauerwerk der Cella beherrscht wird. Auch die Ausstattung des Gotteshauses ist teilweise noch antiken Ursprungs: Ein Block vom Gebälk des Tempels etwa dient heute als Altar. Und eine gewaltige hellenistische Schale wurde in normannischer Zeit in ein von Bronzelöwen getragenes *Taufbecken* umgearbeitet. Aus dem 16. Jh. stammt die schöne ›Madonna‹ im linken Seitenschiff, eine Skulptur *Antonello Gaginis*.

Zwei Erdbeben 1542 und 1693 richteten schwere Verwüstungen an, sodass umfassende Restaurierungsarbeiten erforderlich wurden, für die der Baumeister *Andrea Palma* aus Trapani verantwortlich zeichnete. In den Jahren 1728–54 wurde der Kirche eine geschwungene, durch doppelte Säulenstellungen gegliederte *Barockfassade* vorgeblendet. Die breite Freitreppe wird von Statuen der Apostel Petrus und Paulus flankiert, die bewegte Fassadenkulisse von einer beeindruckenden Marienfigur bekrönt. Die Statuen schuf *Ignazio Marabitti*.

In südlicher Richtung erreicht man das *Residence Hotel Alla Giudecca* mit einer für Sizilien einzigartigen Sehenswürdigkeit. Unter dem Hotel wurde vor wenigen Jahren ein **Miqwè** 8 (Mikwe, Infos über Residence Hotel Alla Giudecca, Via Alagona 52, Tel. 0931 22 2255, www.allagiudecca.it) entdeckt, ein jüdisches Ritualbad aus dem 7. Jh. Es ist das älteste Europas.

Neapoli

Schon bald erwies sich Ortigia als zu klein für die rasch anwachsende antike Stadt, und auf dem Festland entstanden neue Viertel. Während seiner Glanzzeit hatte Syrakus 1 Mio. Einwohner. Heute wird Neapoli, die Neustadt, von monotoner Architektur geprägt. Doch inmitten des Betonmeers liegt der **Parco Archeologico della Neapoli** (Eingänge: Via Rizzo und Via Paradiso, Tel. 0931 65 0068, tgl. 9–18 Uhr), die größte Ausgrabungsstätte von Syrakus mit großartigen Monumenten der griechischen und römischen Epoche.

Das am besten erhaltene Bauwerk des Archäologischen Parks ist das im frühen 5. Jh. v. Chr. entstandene **Teatro Greco** 9. 472 v. Chr. erlebte die Spielstätte die Uraufführung der Tragödie ›Die Perser‹ von *Aischylos*. Unter *Hieron II.* kam es ab 238 v. Chr. zu größeren Umbauten. Tausende von Sklaven schlugen den gigantischen Zuschauerraum mit seinen 61 Sitzreihen aus dem harten Fels. Es entstand das größte Theater der griechischen Welt mit einem Durchmesser von 138 m und einem Fassungsvermögen von etwa 15 000 Zuschauern. In römischer Zeit wurde das Theater erneut umgestaltet. Für ihre *Zirkusspiele* benötigten die Römer einen größeren Bühnenbereich, sie versetzten den Bühnenbau nach hinten und verkleinerten den Zuschauerraum auf 42 Sitzreihen. Die Seiteneingänge wurden durch Tunnelbauten ersetzt, durch die man die wilden Tiere in die Arena treiben konnte.

Vor dem Gehörgang – im ›Ohr des Dionysios‹ fand der erste Lauschangriff der Geschichte statt

Alljährlich im Sommer lebt das griechische Theaterspiel in Syrakus wieder auf, wenn von Ende Juni bis Anfang August die Tragödien von Aischylos, Sophokles und Euripides beim **Ciclo di Rappresentazioni Classiche** (www.indafondazione.org) aufgeführt werden.

Das Baumaterial für das Theater und die anderen Bauten von Neapoli kam aus den nahen Steinbrüchen, die heute **Latomia del Paradiso** 10, Paradies-Steinbruch, genannt werden. Inmitten der blühenden Parklandschaft erinnert nichts mehr daran, dass hier nach der Niederlage der Athener 413 v. Chr. Tausende von Kriegsgefangenen unter unmenschlichen Bedingungen leben und schuften mussten. 7000 Athener starben damals in den Steinbrüchen von Syrakus.

Einen dieser Steinbrüche bezeichnete *Caravaggio* 1586 als **Orecchio di Dionisio**, Ohr des Dionysios – wohl nicht nur wegen seiner Form. Der Legende nach soll hier der Tyrann Dionysios I. die Gespräche seiner Gefangenen belauscht haben. In der Tat ist die Akustik in der 65 m langen und 23 m hohen Grotte noch heute hervorragend. Nebenan befindet sich die *Grotta dei Cordari* (Seilmacher-Grotte), sie ist aber wegen Einsturzgefahr gesperrt.

Südlich des Teatro Greco liegt der Altar Hierons II., die **Ara di Ierone II.** 11, ein fast 200 m langer und 23 m breiter Steinsockel, dessen Aufbauten nicht erhalten sind. Der Altar wurde im 3. Jh. v. Chr. zum Gedenken an die Befreiung der Stadt von dem Tyrannen Thrasybolos errichtet, ein Ereignis, das zu jener Zeit bereits 200 Jahre zurücklag. Einmal im Jahr sollen auf dem Altar Zeus zu Ehren über 400 Stiere geopfert worden sein.

Im 3. Jh. n. Chr. reichte den Römern das griechische Theater für ihre Zirkusspiele und Gladiatorenkämpfe nicht mehr aus. Sie ließen deshalb unweit des Hieron-Altares das **Anfiteatro Romano** 12 errichten. In der Tat war es nach seiner Fertigstellung mit seinen 140 x 119 m Umfang eines der größten Amphitheater des römischen Imperiums.

Wendet man sich nun Richtung Osten, erreicht man über den Viale Teracati und den Viale Teocriti die **Basilica e Catacombe di San Giovanni** 13 (Tel. 093 16 46 94, www.kairos-web.com, Sommer tgl. 9.30–12.30 und 14.30–17.30, Winter tgl. 9.30–12.30 und 14.30–16.30 Uhr). Die Basilika wurde im 6. Jh. errichtet und später mehrfach umgebaut. Beim Erdbeben von 1693 kamen Teile des Baus zu Schaden.

Die unter der Basilika liegende *Cripta di San Marziano* ist die älteste Kirche von Syrakus. Sie trägt den Namen des hl. Marcianus, der hier 44 n. Chr. die erste christliche Gemeinde Siziliens gründete und später den Märtyrertod starb. Die Martersäule und das Grab des Heiligen sollen sich gleichfalls hier befinden. Im Jahr 62 soll der *Apostel Paulus* an diesem Ort vor der jungen Christengemeinde gepredigt haben. Die Krypta in ihrer heutigen Form entstammt größtenteils dem 3. Jh. Ein späterer, normannischer Umbau hinterließ die vier Kapitelle mit Symbolen der Evangelisten, Matthäus als Engel, Johannes als Adler, Markus als Löwe und Lukas als Stier. Vom Eingang gelangt man auch in die weit verzweigten *Katakomben*, die ab dem 4. Jh. angelegt wurden. Die Gänge und Rotunden werden von zahlreichen *Arcosol-Gräbern* (Nischengräbern) flankiert, deren Seitenwände einst bildreich bemalt waren.

Ein gefalteter Riesenkegel aus Beton, von weitem wie eine überdimensionale Mütze aus steifem Papier wirkend, so präsentiert sich das 80 m hohe **Santuario della Madonna delle Lacrime** 14 (tgl. 8–12.30 und 16.30–19.30 Uhr), das Heiligtum der tränenreichen Madonna, alle anderen Gebäude der Stadt. Die *Tränenmadonna*, eine Figur aus Gips, soll am 29. August 1953 im Zimmer einer kranken Syrakusanerin geweint haben – die Dame wurde wieder gesund. Und noch heute kommen Pilger aus ganz Sizilien hierher, um Hilfe von der Tränenmadonna zur erflehen.

TOP TIPP

Ein weiterer Bau des 20. Jh., das **Museo Archeologico Regionale Paolo Orsi** 15 (Tel. 0931464022, Di–Sa 9–18, So 9–13 Uhr), liegt direkt gegenüber der Pilgerstätte im Park *Villa Landolina*. Das Museum gliedert sich in die Sektoren A, B und C. Der erste ist der Vor- und Frühgeschichte gewidmet, der zweite der griechischen, römischen und christlichen Zeit in Syrakus und Umgebung, der dritte zeigt Exponate aus weiteren griechischen Kolonien Siziliens.

TOP TIPP

Zu den Höhepunkten der Sammlung gehören die Ausstellungsstücke aus den *Nekropolen von Pantalica* (13.–8. Jh. v. Chr., s. S. 89) im Sektor A. Vor allem die formschönen Vasen kommen durch die elegante Ausstellungsarchitektur des Museums ausgezeichnet zur Geltung.

Unter den reichhaltigen Funden aus Syrakus (Sektor B) ist die ›Venus Landolina‹ die berühmteste. Sie wurde 1804 von dem Archäologen Saverio Landolina in einem kleinen Tempel entdeckt und hatte ob ihrer Schönheit schon bald viele Bewunderer. Die Statue, eine römische Nachbildung eines hellenistischen Originals, vertritt den Typus der *Anadyomene*, der Venus, die gerade eben dem Meer entstiegen ist.

Das Urbild der Großen Mutter (Magna Mater) hingegen vertritt die erdschwere und innige Statue der *Dea Madre*. Dieses Meisterwerk aus dem 6. Jh. v. Chr. zeigt eine Göttin, die Zwillinge stillt.

Studierenswert ist außerdem die qualitätvolle Kollektion *griechischer Vasen*, die mit kunstvollen Szenen aus Mythologie und Alltagsleben bebildert sind.

Einige Modelle und imposante Architekturfragmente des *Apollon-* und des *Athena-Tempels* regen zum Studium der griechischen Baukunst an. Die Feinheit der Architekturglieder und die Eleganz des Baudekors tritt hier deutlich zutage.

In einem weiteren Saal (Sektor C) illustrieren Funde die Geschichte der antiken Stadt *Megara Hybleia*, deren Reste heute inmitten eines Industriekomplexes nördlich von Syrakus liegen.

Nahebei präsentiert das kleine **Museo del Papiro** 16 (Viale Teocrito 66, Tel. 0931 22100, Di–So 9–14 Uhr) in drei Sälen eine interessante Dokumentation zu Anbau, Verarbeitung und Nutzung von Papyrus. Hinzu kommen schöne Papyrus-Artefakte vom 15. Jh. v. Chr. bis 8. Jh. n. Chr. Das Museum soll demnächst umziehen, ein Termin ist aber noch nicht bekannt.

Den Bildungsreisenden des 19. Jh. verdrehte sie den Kopf – die antike ›Venus Landolina‹

Castello Eurialo – das 22 km lange Bollwerk ließ Tyrann Dionysios vor Syrakus errichten

Ausflüge

Wer der Spur des Papyrus folgen möchte, kann einen Ausflug zur **Fonte Ciane**, zur Quelle des Flusses Ciane, unternehmen, die stadtauswärts Richtung Canicattini liegt. *Ovid* erzählt in seinen ›Metamorphosen‹, die Nymphe *Kyana* habe beobachtet, wie Hades im Begriff war, Kore (Persephone) zu rauben [s. S. 74], und sie habe versucht, diesen Raub zu verhindern. Zur Strafe habe Hades sie in diese von Papyrusstauden umstandene Quelle verwandelt. Die Syrakusaner feierten jedes Jahr zur Erinnerung an Persephone ein Fest, bei dem sie als Opfergaben einen Stier und eine Kuh im Quellteich der Ciane ertränkten. Heute ist es hier ganz friedlich und angenehm still. Unvergesslich ist darum die Bootsfahrt vom Foro Italico bis zur Quelle des Flusses (Reservierungen bei Vella, Tel. 093 16 90 76).

Westlich von Syrakus, 7 km auf der Straße Richtung Belvedere, gelangt man zu den Ruinen des **Castello Eurialo** (Tel. 09 31 71 17 73, Sommer tgl. 9–19, Winter 9–17 Uhr). Hier stand einst eine der mächtigsten Festungsanlagen der Griechen. Das 22 km lange Bollwerk, das *Dionysios I.* Ende des 5. Jh. v. Chr. am Rande einer strategisch wichtigen, doch unbewohnten Hochebene anlegen ließ, wird heute von der Straße durchschnitten. Von den Bastionen und Wehrgängen der Festung genießt man eine herrliche Aussicht auf Landschaft und Meer.

Praktische Hinweise

Information

Servizio Turistico Regionale, Via Maestranza 33, Ortigia, Syrakus, Tel. 09 31 46 42 55, www.comune.siracusa.it

Hafenrundfahrt

Compagnia del Selene, Foro Vittorio Emanuele II, Ortigia, Syrakus, Tel. 09 31 79 10 33, www.compagniadelselene.it. Hafenrundfahrt mit der ›Selene‹.

Hotels

********Algilà Charme Hotel**, Via Vittorio Veneto 93, Ortigia, Syrakus, Tel. 09 31 46 51 86, www.algila.it. 30 stilvolle Zimmer in einem historischen Palazzo.

******Royal Maniace Hotel**, Lungomare d'Ortigia 13, Ortigia, Syrakus, Tel. 09 31 67 43 37, www.maniacehotel.it. Kleines Designerhotel in einem alten Palazzo mit Garten und Meerblick.

*****Gran Bretagna**, Via Savoia 21, Ortigia, Syrakus, Tel. 093 16 87 65, www.hotelgranbretagna.it. Zentral gelegenes Hotel mit freundlich und modern eingerichteten Zimmern. Die Räume im ersten Stock sind mit Deckenfresken ausgemalt. Ein gutes Restaurant ist der kleinen Herberge angeschlossen.

*****Hotel Gutkowski**, Lungomare Vittorini 26, Ortigia, Syrakus, Tel. 09 31 46 58 61, www.guthotel.it. Die 25 Zimmer des kleinen, in zwei restaurierten alten Fischerhäusern untergebrachten Hotels bieten Ausblicke aufs Meer oder die Dächer Ortigias.

Restaurants

Don Camillo, Via Maestranza 96, Ortigia, Syrakus, Tel. 0931 67133, www.ristorante doncamillosiracusa.it. Hervorragende Fischgerichte und eine große Auswahl an Weinen (So/Fei geschl.).

Pescomare, Via S. Landolina 6, Ortigia, Syrakus, Tel. 0931 21075. Ausgezeichnete Speisen wie frischer Fisch, die im Sommer im schönen Hof serviert werden (Mo geschl.).

TOP TIPP **Porta Marina**, Via dei Candelai 35, Syrakus, Tel. 0931 22553, www.risto ranteportamarina.135.it. Schickes Restaurant in einem alten Palazzo im Herzen von Ortigia. Besonders zu empfehlen sind die Meeresfrüchte (Mo geschl.).

Nachtleben

Auf Ortigia kann man an der Piazza Duomo und rund um die Fonte Aretusa die ganze Nacht flanieren und von den Cafés aus das rege Treiben beobachten.

25 Pantalica

Bedeutende Totenstadt mit über 5000 Gräbern in einer faszinierenden Berglandschaft.

Nördlich von Syrakus lassen sich frühe Siedlungsspuren der *Sikuler* entdecken: Man erreicht die **Necropoli di Pantalica**, die seit 2005 zum **UNESCO-Weltkulturerbe** gehören, auf der N 124 über Floridia. In den steilen Felshängen des Pantalica-Plateaus, einem nur schwer zugänglichen Gelände, breitet sich eine uralte Totenstadt in erhabener Einsamkeit aus. Die Felswände sind mit Tausenden von Löchern übersät. Diese größte Gräbergruppe Siziliens besteht aus etwa 5000 in den Stein geschlagenen Kammern.

Die Anzahl der Gräber deutet auf einen bedeutenden sikulischen Ort hin, von dem jedoch nur Reste eines Hauses überdauert haben. So bleibt es den zahlreichen eindrucksvollen **Grabbeigaben** überlassen, die Geschichte der Stadt zu erzählen. Das Museo Archeologico [s. S. 87] von Syrakus präsentiert die meisten von ihnen. Man sieht Waffen, Schmuck, Vasen und allerlei Alltagsgerät. Anhand dieser Zeugnisse wurden die Siedlung und die Nekropole ins 13.–8. Jh. v. Chr. datiert.

26 Palazzolo Acreide

Die Tochterkolonie von Syrakus stand immer im Schatten der großen griechischen Küstenstädte.

664 v. Chr. gründeten Siedler aus dem 35 km entfernten Syrakus zum Schutz ihres Hinterlandes die Stadt *Akrai*. Der auf 700 m Höhe gelegene Ort erlangte jedoch nie die Bedeutung der großen

Blick aus dem Jenseits über die Bergwelt – die riesigen Nekropolen von Pantalica

Perle des sizilianischen Barock – Noto und sein berühmter Duomo Santi Nicola e Corrado

griechischen Küstenstädte Siziliens. 480 v. Chr. kämpfte Akrai an der Seite von Syrakus und Agrigent gegen die Karthager und errang damit den bedeutendsten Sieg seiner Geschichte.

Die antiken Ruinen von Akrai liegen oberhalb des Städtchens Palazzolo Acreide, das 1693 bei einem Erdbeben fast völlig zerstört wurde und anschließend im Barockstil wiederauferstand.

Das besterhaltene Bauwerk der antiken Stadt ist ein in den Fels geschlagenes griechisches **Theater**. *Hieron II.*, Bauherr des Theaters von Syrakus, ließ dieses hier im 3. Jh. v. Chr. errichten. Die im Halbrund angeordneten Sitzreihen boten etwa 600 Zuschauern Platz. Außerdem erkennt man noch einige gepflasterte Straßenzüge und den Versammlungsort, das viereckige *Buleuterion*. In den antiken Steinbrüchen der Stadt haben sich außerdem Katakomben aus christlich-byzantinischer Zeit erhalten.

27 Noto

Beeindruckende Barockstadt, auferstanden aus Ruinen.

Noto, die schönste Barockstadt Siziliens, begeistert durch prächtige Kirchen und Paläste, doch leider ist diese historische Bausubstanz seit langem gefährdet.

Geschichte Im Januar 1693 erschütterte ein *Erdbeben* den Osten Siziliens und zerstörte Noto Antica, das alte Noto. Auch die umliegenden Orte Modica, Ragusa, Scicli, Comiso und Grammichele wurden dem Erdboden gleich gemacht. Der Wohlstand der Stadt Noto ermöglichte diesmal ihren relativ raschen Wiederaufbau 10 km südöstlich der alten Ansiedlung. *Giovanni Battista Landolina* entwarf auf dem Reißbrett ein Barockensemble mit großzügigen Plätzen, zahlreichen Kirchen, Klöstern und Palästen. Dieses neue Noto wurde innerhalb weniger Jahrzehnte des 18. Jh. verwirklicht. Doch dies war nicht die letzte Erschütterung. Beim Erdbeben im Jahr 1996 stürzte die Kuppel des Domes ein und verwüstete den gesamten Bau. Erst zum Jahreswechsel 2006/07 konnte das Gotteshaus wiedereröffnet werden. Darüber hinaus wird die Stadt auch in Zukunft große Anstrengungen unternehmen müssen, um ihre historischen Schätze, von denen einige nur notdürftig gesichert sind, zu retten. Unterstützt wird sie dabei von der **UNESCO**, die Noto zusammen mit acht weiteren Barockstädten des *Val di Noto* 2002 zum Weltkulturerbe erklärte.

Besichtigung Alle wichtigen Sehenswürdigkeiten Notos liegen zwischen den beiden Hauptstraßen, dem *Corso Vittorio Emanuele*, der teilweise für den Autoverkehr gesperrt ist, und der *Via Cavour*. Eine der prächtigsten Barockkirchen der Stadt, die **Chiesa San Domenico** (Besichtigung der Kirchen Notos meist nur während der Gottesdienstzeiten), beherrscht die Piazza XVI Maggio. Ihr *Äußeres* wurde von Rosario Gagliardi 1703–27 wie eine meisterhafte Skulptur geformt. Die schwungvolle Fassade mit ihren konvexen Mauern, prächtigen Säulen und halbschattigen Nischen hat wie bei fast allen Kirchen Notos ihren Kontrastpunkt in einem relativ anspruchslosen Innenraum.

Eine breite Treppe führt von der *Piazza Municipio* hinauf zum **Duomo Santi Nicola e Corrado**, der gleich in der ersten Phase des Wiederaufbaus der Stadt, noch 1693, begonnen wurde. Der Entwurf des unbekannten Baumeisters nahm *Notre-Dame* in Versailles zum Vorbild. Acht frei stehende Säulen mit korinthischen Kapitellen gliedern das Untergeschoss der breiten *Hauptfassade*. Im Obergeschoss rahmen vier Säulen das giebelgekrönte Mittelfeld, neben dem massige Türme aufragen. Erst 1771 war der Dom vollendet. Nach dem heftigen Erdbeben von 1996 stritt man lange über die Frage, ob man die Kuppel nach den Entwürfen des 17. Jh. oder nach den schließlich umgesetzten Plänen des späten 18. Jh. wiedererrichten sollte. Man entschied sich für Letzeres.

Dem Dom gegenüber steht der 1746 errichtete **Palazzo Ducezio**, in dem heute das Rathaus untergebracht ist. Dem eleganten Barockbau wurde 1951 ein Stockwerk aufgesetzt und damit die Harmonie des Gebäudes erheblich gestört.

Frauenpower – der Balkon des Palazzo Villadorata wird von reizvollen Damen getragen

Maestro Corrado und seine süßen Kreationen – Schnappschuss aus dem Caffè Siclia

Die Pläne für den fantasievoll geschmückten **Palazzo Villadorata** in der Via Nicolaci zeichnete *Paolo Labisi* 1737. Entzückend und amüsant sind vor allem die Figuren, die als Balkonkonsolen fungieren – vollbusige Galionsfiguren, bärtige Kentauren, melancholische Mohren und grimmige Greife.

Etwas abseits erhebt sich die schön auf die *Piazza Manzini* abgestimmte **Chiesa Santissimo Crocifisso**. Sie wurde 1728 begonnen, doch nie vollendet. Im rechten Seitenschiff steht *Francesco Lauranas* Statue ›Muttergottes mit Kind‹ von 1471.

Für den Genuss zu besonderen Anlässen kreiert der Konditor Corrado im **Caffè Sicilia** (Corso Vittorio Emanuele 125, Mo geschl.) begeisterungswürdige barocke Kuchengebilde mit kandierten Früchten. Hier, so erzählt man, lassen sich adlige Gäste noch heute wie in den guten alten Zeiten mit ›Eurer Ehren‹ anreden.

Ausflüge

Wenige Kilometer südlich von *Lido di Noto* liegt das Ausgrabungsgelände von **Eloro**. Hier siedelten sich bereits Ende des 8. Jh. v. Chr. Griechen an. Die archäologischen Untersuchungen begannen Ende der 1960er-Jahre. Man entdeckte eine Trasse mit Wagenradspuren, vermutlich ein Stück der *Via Elorina*, die nach Syrakus führte, ferner Reste eines Demeter-Tempels, eines griechischen Theaters und die Grundmauern einer Basilika.

Weiter südlich erstreckt sich das kleine Naturschutzgebiet **Riserva Naturale Oasi Faunistica di Vendicari** (www.oasiven

dicari.net). Auf einer Länge von 8 km laden feinsandige *Strände* und kristallklares Wasser zum Baden und Schnorcheln ein. Darüber hinaus kann man in den Sümpfen von Vendicari zahlreiche Wasservögel beobachten.

Ein weiterer Ausflug führt von Noto über die SP 19 zur **Villa Romana del Tellaro** (Mobil-Tel. 3389733084, www.villaromanadeltellaro.com, tgl. 9–19 Uhr), einer römischen Villa des 4. Jh. n. Chr. Der Landsitz mit seinem reichem *Mosaikschmuck* wurde 1971 entdeckt. Die Ausgrabungen und anschließende Restaurierung der Mosaike zog sich über Jahrzehnte hin. Erst 2008 konnte die Anlage für Besucher geöffnet werden. Das antike Anwesen, dessen Räume sich um einen Innenhof gruppieren, ist zwar kleiner als die berühmte *Villa Romana del Casale* [s. S. 74], was aber die Qualität der Mosaike betrifft, so braucht die Villa Romana del Tellaro einen Vergleich mit der großen Konkurrentin nicht zu scheuen. Die hiesigen Fußbodenmosaike stammen vermutlich gleichfalls von nordafrikanischen Künstlern. Die meisten zeigen bewegte Szenen aus der *römischen Mythologie*. Faszinierend ist auch eine *Jagdszene*, bei der die Jäger das Wild am Wasser umzingeln.

i Praktische Hinweise

Information

AAPIT, Piazzale XVI Maggio, Noto, Tel. 0931836744, www.comune.noto.sr.it

Hotel

*****Hotel della Ferla**, Via A. Gramsci 5, Noto, Tel. 0931576007, www.hoteldellaferla.it. Kleines angenehmes Haus.

Patschnass in der Falle – Mosaik mit abenteuerlicher Treibjagd aus der Villa del Tellaro

Restaurant

Trattoria del Carmine, Via Ducezio 1, Noto, Tel. 0931838705, www.trattoriadelcarmine.it. Nettes Lokal im Herzen der Stadt, hervorragende sizilianische Küche (Mo geschl.).

28 Ispica und Cava d'Ispica

Nekropolen, Katakomben und Höhlenwohnungen.

In südwestlicher Richtung erreicht man **Ispica**, das nach dem großen Erdbeben von 1693 neu errichtet wurde und durch seine hübschen Barockkirchen gefällt. Am nordöstlichen Rand der Ortschaft, im *Parco Archeologico della Forza* (tgl. 9–13, im Sommer auch 16–19 Uhr), hat man die Überreste einer alten Festung ausgegraben. Hier lag vor der Zerstörung der alte Stadtkern des schon in vorgeschichtlicher Zeit bewohnten Ortes. Und hier befindet sich auch der Zugang zur Cava d'Ispica, einer 13 km langen Schlucht, die zu schönen Wanderungen einlädt.

Wer vor allem archäologisch interessiert ist, wird den nördlichen Teil der **Cava d'Ispica** (Tel. 0932771667, Sommer tgl. 9–19, Winter Mo–Sa 8–14 Uhr, geführte Touren der Cooperativa Sant'Antonio Abate, s. S. 93) bevorzugen. Der Eingang befindet sich 5 km östlich von Modica. Hunderte, zum Teil mehrgeschossige Grotten wurden hier in den Fels geschlagen. Die Höhlen dienten abwechselnd als Wohn- und Begräbnisstätten: In prähistorischer Zeit wurden sie bewohnt, die Sikuler nutzten sie dann als Nekropolen, die Christen als Katakomben, und im Mittelalter fungierten sie wieder als Wohnungen. Besonders sehenswert sind: *Grotta di San Nicola* mit byzantinischen Freskenfragmenten, *Urutti Giardina*, eine christliche Grabhöhle, sowie *San Pancratis*, eine byzantinische Kirchenruine.

29 Modica

Eine reizvolle Perle des sizilianischen Barock.

Modica ist ein weiteres schönes Beispiel für die nach dem Erdbeben von 1693 neu entstandenen Barockstädte, welche die **UNESCO** 2002 zum Weltkulturerbe erhob. Im Unterschied zu Noto behielt man hier aber beim Wiederaufbau die alte Lage an einem Felssporn bei.

Harmonisches Geschachtel – die bildschöne Barockstadt Modica mit San Giorgio (re.)

TOP TIPP Wahrzeichen Modicas ist die **Chiesa San Giorgio** (tgl. 9–19 Uhr) am *Corso Garibaldi*, die mit ihrem runden, hoch aufragenden Kirchturm die Stadtsilhouette beherrscht. Der schöne Sakralbau wurde bereits im Jahr 1643 begonnen, das große Erdbeben unterbrach die Arbeiten jedoch für einige Zeit. Mit neuen Plänen baute man schließlich weiter. Der Entwurf von San Giorgio wird *Rosario Gagliardi* zugeschrieben. Man erreicht die Kirche mit ihrer breiten, reich verzierten *Fassade* über eine 250 Stufen zählende, monumentale Freitreppe. Fünf Portale leiten in das fünfschiffige, basilikale Kircheninnere über. Dem aufwendigen Äußeren entspricht die üppige Ausstattung mit einem zehnteiligen Polyptychon (1513) von *Bernardino Niger* und einem bemalten Orgelprospekt.

Die Hanglage Modicas scheint bei den Baumeistern eine Vorliebe für aufwendige Treppenkonstruktionen hervorgerufen zu haben. So können auch Barockkirchen wie **San Pietro** und **San Giovanni Evangelista** erst nach dem Erklimmen einer gigantischen Freitreppe besichtigt werden. Sehenswert, aber ganz anders, ist die Höhlenkirche **San Nicolo Inferiore**.

Eine Attraktion aus jüngerer Zeit ist die **Casa Quasimodo** (Via Posterla 84, Tel. 09 32 75 38 64, www.quasimodo.it, Di–So 10–13 und 16–19, Juli/Aug. 17–20 Uhr). Das Geburtshaus *Salvatore Quasimodos* (1901–1968) informiert heute als kleines Museum über Leben und Werk des bedeutenden Schriftstellers Quasimodo, der im Jahr 1959 sogar mit dem Literaturnobelpreis ausgezeichnet wurde.

Praktische Hinweise

Information

Cooperativa Sant'Antonio Abate, Corso Regina Margherita 109, Modica, Tel. 09 32 75 47 78, www.guidemodica.it. Geführte Touren durch Modica und Exkursionen zur Cava d'Ispica.

Hotel

****Palazzo Failla**, Via Blandini 5, Modica, Tel. 09 32 94 10 59, www.palazzo failla.it. Stilvolle Unterkunft in einem alten Stadtpalais. Die zehn Zimmer sind allesamt mit Antiquitäten ausgestattet. Das Restaurant ›La Gazza Ladra‹ zählt zu den besten der Stadt.

Restaurants

Fattoria delle Torri, Vico Napoletano 17, Modica, Tel. 09 32 75 12 86. Ausgezeichnetes Lokal mit traditioneller Küche und köstlichen Eigenkreationen. Hervorragende Weine (Mo geschl.).

Strahlendes Barockensemble – Blick von der Oberstadt auf Ragusa Ibla

Torre d'Oriente, Via Posterla 29, Modica, Tel. 09 32 94 81 60, www.torredoriente.com. Hervorragende Küche auf einer schönen Terrasse über den Dächern von Modica (So Abend und Mo geschl.).

30 Ragusa

Barock, wo man hinschaut: Altstadt und Neustadt konkurrieren um die prächtigsten Bauten.

Die *Provinzhauptstadt* Ragusa erstreckt sich über mehrere Hügel. Im Osten, auf einer Höhe von 385 m, liegt das etwas verschlafen wirkende Ragusa Ibla, im Westen, auf 498 m, das lebhafte, im 18. Jh. entstandene Ragusa Superiore. Eine tiefe Schlucht trennt die beiden Bezirke voneinander. Die Stadt zählt wegen ihrer einzigartigen barocken Architektur seit 2002 zum Weltkulturerbe der **UNESCO**.

Ragusa Ibla, die seit der Antike besiedelte Altstadt, wurde nach dem Erdbeben 1693 wiederaufgebaut. Inmitten enger, mittelalterlicher Gassen ragt ein barockes Meisterwerk empor, die **Basilica San Giorgio**. Die zwischen 1738 und 1775 errichtete Kirche geht auf Pläne von *Rosario Gagliardi* zurück. Über einer monumentalen Freitreppe erhebt sich die reizende Fassade. Sie ist dreigeschossig, durch korinthische Säulen gegliedert und gipfelt in einem Glockenturm.

Die Oberstadt **Ragusa Superiore** besitzt ebenfalls ein barockes Antlitz. Sie wurde zu Beginn des 18. Jh. unweit der Altstadt mit regelmäßigen Straßenzügen neu angelegt. Das Zentrum liegt um die *Piazza San Giovanni* und die Straßen Corso Via Veneto und Corso Italia. Das bedeutendste Bauwerk ist hier der **Duomo San Giovanni** (1706–60). Die Fassade der dreischiffigen Basilika wird im oberen Bereich durch korinthische Säulen aufgelockert. Seitlich erhebt sich ein würdevoller Glockenturm.

24 km südlich von Ragusa hat sich das alte Fischerdorf **Marina di Ragusa** zu einem beliebten Badeort entwickelt. Seine Pluspunkte sind der feinsandige Strand und das klare Wasser. Hier kann man herrlich sonnenbaden und Wassersport treiben. Besonders im Herbst, wenn die Winde auffrischen, ist die Bucht von Marina di Ragusa ein Ziel für leistungsfreudige Wellenreiter und Windsurfer.

i Praktische Hinweise

Information

AAPIT, Via Capitano Bocchieri 33, Ragusa, Tel. 09 32 22 15 11, www.ragusaturismo.it

Einkaufen

Pasticceria Giovanni di Pasquale, Corso Vittorio Veneto 104, Ragusa, Tel. 09 32 62 46 35, www.pasticceriadipasquale.com. Eine der besten Konditoreien

Siziliens, nicht nur wegen der Cassata-Torte, sondern auch wegen der mit Ricotta und kandierten Früchten gefüllten Cannoli.

Hotels

******Villa del Lauro**, Via Ecce Homo 11, Ragusa, Tel. 09 32 65 51 77, www.villadellauro.it. Elegante Barockvilla im Stadtzentrum mit üppigem Garten und Pool.

*****Montreal**, Corso Italia 30, Ragusa, Tel. 09 32 62 11 33, www.montrealhotel.it. Angenehme Unterkunft in der Oberstadt mit ruhigen Zimmern.

Restaurant

U Saracinu, Via del Convento 9, Ragusa Ibla, Tel. 09 32 24 69 76. Neben deftigländlichen Fleischgerichten sind die *Ravioli con ricotta* eine Spezialität dieses Restaurants (So geschl.).

31 Donnafugata

Schauplatz aus dem Roman ›Der Leopard‹ oder einfach nur ein Palast?

16 km südwestlich von Ragusa erhebt sich beim Ort Donnafugata das **Castello di Donnafugata** (Sommer Di–So 9.30–12.30 und 15.30–18.30, Winter Di–So 9.30–12.30 Uhr). Der Palazzo geht in seinen Ursprüngen auf eine Burg der Familie Chiaramonte zurück. Im 19. Jh. ließ *Corrado Arezzo Barone di Donnafugata* den Komplex erneuern, ein eklektizistischer Bau mit Stilzitaten aus Gotik, Renaissance und Barock. *Giuseppe Tomasi di Lampedusa* soll hier als Kind öfter zu Gast gewesen sein. Später soll er den Palast und seine Bewohner in seinem Roman ›Il Gattopardo‹ verewigt haben. Bei einem Rundgang kann man heute die gediegen eingerichteten Säle, die Bibliothek, den Billardsalon und das Musikzimmer bewundern.

Wie für einen Mozartabend geschaffen – das opulente Musikzimmer von Donnafugata

Venezianische Loggia – das Castello di Donnafugata begeistert mit Stilzitaten aller Epochen

Catania und der Ätna – Leben im Angesicht des Vulkans

Die Geschichte von **Catania** ist aufs Engste mit dem Ätna verknüpft. Die Metropole liegt nur 30 km von dem mächtigen Vulkan entfernt und hat im Laufe der Jahrhunderte mehrmals seine geballte Zerstörungskraft zu spüren bekommen. Demgemäß sind die Zeugnisse aus der Frühzeit, Catania ist eine griechische Gründung, aus Antike und Mittelalter, heute äußerst rar. Seit dem Altertum ist die bedeutende Hafenstadt zudem mehrfach durch **Erdbeben** dem Erdboden gleichgemacht worden. Der letzte Wiederaufbau erfolgte nach dem schweren *Terremoto* von 1693. Heute wird Catanias Altstadt von eindrucksvoller Barockarchitektur geprägt, ein charmantes Ambiente mit eleganten Palästen und stimmungsvollen Kirchen. Zugleich ist die Stadt idealer Ausgangspunkt für Ausflüge zum **Ätna**, dem letzten großen aktiven Vulkan Europas. An seinen Hängen eröffnet sich den Reisenden ein einzigartiges Naturschauspiel, das bei einem der immer wiederkehrenden Ausbrüche mit furioser Faszination und ungebändigter Bedrohlichkeit die ganze Region in Atem hält.

32 Catania

Ein Leben im Schatten des Vulkans.

Catania ist mit 305 000 Einwohnern die **zweitgrößte** Stadt und zugleich ein wirtschaftliches Zentrum Siziliens. Bei Besuchern genoss die ›Tochter des Ätna‹ lange Zeit nicht gerade den allerbesten Ruf. Doch während der Amtszeit des Bürgermeisters *Enzo Bianco* (1993–99) änderte sich einiges. Die langjährige Mafiahochburg wandte sich erfolgreich gegen die Korruption, und auch der Kampf gegen die Kriminalität war von einigem Erfolg gekrönt. Und was die Attraktivität der Stadt betrifft, so hat sie in den letzten Jahren enorm gewonnen, denn viele historische Bauten sind frisch restauriert, und Catanias Antlitz zwischen Meer und Ätna erstrahlt in frischem Glanz.

Geschichte Obwohl der Feuer speiende Ätna, wie es auf den ersten Blick scheint, alle Spuren der Vergangenheit ausradiert hat, lässt sich die Geschichte Catanias recht genau rekonstruieren. Gesichert ist, dass das griechische **Katane** 729 v. Chr. nach der gewaltsamen Eroberung einer *sikulischen Siedlung* an der Ostküste Siziliens gegründet wurde.

Proportionslehre – gegen Gigant Ätna eher Lilliput sind Catania, Dom und Dampfer

Stürmisch verlief das 5. Jh. v. Chr. Doch daran hatte nicht nur der Vulkan Schuld. **Hieron I.** eroberte Katane 476 v. Chr., vertrieb seine Bewohner und nannte die Stadt fortan *Aitna*. Doch bereits 461 v. Chr. kam es zur Rückeroberung. Und die Bewohner Catanias gaben der Stadt sogleich ihren alten Namen wieder. Ende des 5. Jh. fegte dann **Dionysios I.** über Katane hinweg und verkaufte die Einwohner in die Sklaverei.

Seit der Stadtgründung wirft aber auch der **Ätna** seinen bedrohlichen Schatten auf Catania. Bauwerke aus griechischer Zeit sind längst verschwunden, zerstört beim Ätna-Ausbruch 121 v. Chr.

Die eigentliche *Blütezeit* begann mit der Eroberung der Stadt durch die **Römer** im Jahr 263 v. Chr. Die neuen Machthaber bauten Catania zur größten Stadt Siziliens aus, in den nachchristlichen Jahrhunderten entstanden in ihrem Zentrum bedeutende Bauten wie das Teatro Romano und das Anfiteatro Romano, die ältesten, zumindest noch in Überresten existierenden Bauwerke.

Im Mittelalter fiel die Stadt dann in einen Dornröschenschlaf, aus dem sie erst im 15. Jh. wieder erwachte. Damals geriet Catania unter **aragonische Herrschaft**. Die spanischen Regenten verlegten zwischenzeitlich sogar ihren Hof an die Ostküste Siziliens. Höhepunkt dieser Epoche war die Gründung der **Universität** 1434, der ersten auf sizilianischem Boden.

Seit der Antike ist die Stadt nicht weniger als siebenmal durch Erdbeben oder Vulkanausbrüche vollständig zerstört worden. Die **Altstadt** von Catania, wie sie sich heute präsentiert, ist ein Werk des *Barock*, entstanden nach dem verheerenden Doppelschlag des 17. Jh.: 1669 Vulkanausbruch, 1693 Erdbeben. So entstand zu Beginn des 18. Jh. ein völlig neues Zentrum im herrlichsten Barockstil.

Seit 2002 gehört Catania gemeinsam mit den spätbarocken Städten Caltagirone, Militello, Modica, Noto, Palazzolo Acreide, Ragusa und Scicli zum **UNESCO-Weltkulturerbe**. Die Restaurierungsmaßnahmen der letzten Jahre haben die Schönheiten Catanias wieder zum Leuchten gebracht. Ein Wermutstropfen bleibt, denn seit der Amtszeit von Bürgermeister *Umberto Scapagnini* (1999–2008) hat die Stadt am Meer aufgrund von Misswirtschaft mit einem riesigen Schuldenberg zu kämpfen.

Besichtigung Als Ausgangspunkt für eine Stadtbesichtigung bietet sich die **Piazza del Duomo** (1) an, das Zentrum

Passeggiata in Catania – Dom, Badia und Vespa begeistern mit barocken Kurven

des im 18. Jh. neu erbauten, barocken Catania. Der Platz liegt im Schnittpunkt der beiden rechtwinklig aufeinander treffenden Hauptachsen, der *Via Vittorio Emanuele* und der *Via Etnea*, und wird beherrscht von der 1736 geschaffenen **Fontana dell'Elefante**. *Giovanni Battista Vaccarini*, der für den Wiederaufbau der Stadt verantwortliche Baumeister, komponierte den Brunnen aus verschiedenen Kunstwerken früherer Jahrhunderte.

Pescheria – der berühmteste Markt Catanias bietet Fisch und Männer im Überfluss

Ein aus schwarzem Lavagestein gefertigter Elefant, vermutlich römischen Ursprungs, trägt einen 4 m hohen ägyptischen Obelisken auf dem Rücken und dazu noch ein christliches Kreuz. Vorbild war die Skulptur *Berninis* auf der Piazza Minerva in Rom. Der Brunnen mit Elefant und Obelisk, beides Kunstwerke, die die verheerenden Naturkatastrophen der vorhergehenden Jahrhunderte überstanden hatten, avancierte bald zum Wahrzeichen des neuen Catania.

An der Ostseite des Platzes erhebt sich der **Duomo di Sant'Agata** 2 (tgl. 9–12 und 16–19 Uhr), der der Schutzpatronin Catanias geweiht ist. Von dem normannischen Vorgängerbau aus dem 11. Jh. blieben nur die Apsiden und das Querschiff erhalten, die alle geschickt in den Neubau einbezogen wurden. Bei der Neugestaltung des Doms behielt man den dreischiffigen Grundriss des älteren Baus bei. Die barock geschwungene *Fassade*, 1768 vollendet, wird zum Teil durch antike Säulen gegliedert, die aus dem Teatro Romano stammen.

Im *Inneren* befindet sich am zweiten Pfeiler auf der rechten Seite das Grab des Komponisten *Vincenzo Bellini* (1801–1835), der zunächst in Paris begraben, 1876 dann aber in seine Heimatstadt überführt wurde. In der *Cappella della Madonna* liegen Mitglieder des aragonischen Königshauses begraben, u. a. Federico II. und Federico III. In der *Sakristei* ist ein Fresko zu besichtigen, das kurz nach dem Vulkanausbruch von 1669 entstand und Giacinto Platania zugeschrieben wird. Es zeigt Catania, den Ätna und die sich auf die Stadt zubewegenden Lavaströme aus der Vogelperspektive. Die Lava umfließt die Straßen der Stadt und das Castello Ursino, die Einwohner versuchen, sich auf Boote und Schiffe zu retten.

Neben der rechten Apsis öffnet sich die *Cappella di Sant'Agata*. Als junge Christin wurde Agathe unter Kaiser Tiberius verfolgt und auf dem Scheiterhaufen verbrannt. Ein weißer *Schleier*, den eine Frau über den brennenden Körper des nackten Mädchens geworfen hatte, färbte sich rot und wird neben den Überresten der Heiligen als kostbarste Reliquie in einem Silberkästchen verwahrt. Der Schleier wird noch heute bei Prozessionen mitgeführt. Der Schutzpatronin wird nachgesagt, sie habe bereits mehrfach Lavaströme von Catania ferngehalten und damit die Stadt vor der sicheren Zerstörung bewahrt. Auch beim Ätna-Ausbruch 1669 legten die Einwohner das Schicksal der Stadt vertrauensvoll in ihre Hände. Doch die Lavamassen ergossen sich über Häuser und Straßenzüge. Die Legende besagt, die hl. Agathe habe die Lava am Meer aufgehalten.

Die Piazza del Duomo wird an ihren anderen Flanken von einigen Barockpalästen gerahmt, dem **Palazzo degli Elefanti** (Rathaus), dem **Seminario dei Chierici** (Priesterseminar), dem Palazzo Sammartino Pardo und Palazzo Marletta. Heute geben sich vor dieser pittoresken Kulisse abends Flaneure ein Stelldichein.

Unterhalb der Piazza del Duomo findet werktags in den Vormittagsstunden die **Pescheria** statt, der schönste Fischmarkt Siziliens. Er ist für sein reichhaltiges Angebot und seine charaktervolle Atmosphäre berühmt.

Jenseits der *Via Vittorio Emanuele*, direkt gegenüber vom Dom, erhebt sich eine weitere, der Stadtheiligen Agathe geweihte Barockkirche, die **Chiesa della Badia di Sant'Agata** 3 (derzeit wegen Restaurierung geschl.). Der zwischen 1735 und 1765 entstandene quadratische Zentralbau, ein Werk *Battista Vaccarinis*, wird von einer eleganten Kuppel gekrönt.

Vom Domplatz führt die **Via Etnea** einige Kilometer Richtung Ätna. Palazzi des 18. Jh. säumen diese Hauptgeschäftsstraße Catanias. Hier laden elegante Boutiquen, stilvolle Cafés und erlesene Restaurants zum Bummel und Verweilen ein.

Über die Via Etnea gelangt man alsbald zur *Piazza della Università* mit dem alten Hauptgebäude der **Università di Catania** 4, in dem heute noch die Verwaltung ansässig ist. Die Institute residieren in benachbarten Palazzi. Der Innenhof des hiesigen Gebäudes besitzt einen

Feierliches Aufgebot grauweißer Eminenzen – die prächtigen Stadtpalais an der Via Etnea

zweifachen Loggienumgang und einen schwarz-weiß gemusterten Fußboden. Für die schwarzen Bereiche verwandte man das in der Umgebung Catanias so reich vorhandene Lavagestein.

Einige Straßenkreuzungen weiter stößt man auf die belebte *Piazza Stesicoro*, die mit ihren Cafés zu einer Rast einlädt. Am westlichen Ende des Platzes lassen sich die Überreste des **Anfiteatro Romano** 5 aus dem 2. Jh. n. Chr. entdecken, die erst zu Beginn des 20. Jh. ausgegraben wurden: ein Teil der Nordflanke der Ellipse mit äußerem und innerem Korridor, Bögen, Gewölben und Freitreppen. Die Strukturkontraste, die sich aus Lava, Marmor und Ziegelsteinen ergaben, müssen ausgesprochen dekorativ gewirkt haben. Mit Ausmaßen von 125 x 105 m bot die Arena etwa 15 000 Zuschauern Platz und zählte zu den größten römischen Amphitheatern in Sizilien. Ab dem frühen Mittelalter verkam die Anlage jedoch zum Steinbruch.

Die Parallelstraße **Via Crociferi** 6 besticht durch ein seit dem 18. Jh. unverändert erhalten gebliebenes Barock-Ensemble aus Palazzi, Kirchen und Klöstern. An der Kreuzung mit der *Via Alessi* befindet sich das **Collegio dei Gesuiti**. Das frühere Jesuitenkloster präsentiert sich in reinem sizilianischem Barock. Heute ist es Sitz der Kunstschule *Istituto Statale d'Arte di Catania*.

Von hier ist es nicht mehr weit zum **Monastero di San Nicolò l'Arena** 7. In den Räumen des früheren Benediktinerklosters an der *Piazza Dante* hat sich heute die Universität einquartiert. Die im 16. Jh. errichtete Anlage war nach den Naturkatastrophen des 17. Jh. so stark beschädigt, dass im 18. Jh. eine Neugestaltung nötig wurde. Die Klosterkirche **Chiesa di San Nicolò l'Arena** sollte der größte Sakralbau Siziliens werden, blieb jedoch unvollendet. Die *Fassade* mit ihren gewaltigen Säulenstümpfen wirkt aufgrund des fragmentarischen Habitus geradezu modern, auch das dreischiffige Innere ist schmucklos und nüchtern.

An der Ecke Via Crociferi und Via Vittorio Emanuele liegt die *Piazza San Francesco* mit dem Geburtshaus des Komponisten *Vincenzo Bellini* (1801–1835). Das heute hier ansässige **Museo Belliniano** 8 (Tel. 09 57 15 05 35, Mo–Sa 9–13 Uhr) zeigt eine kleine Sammlung zu Leben und Werk Bellinis. Unter den Exponaten sind Porträts, Briefe, handschriftliche Partituren und ein Spinett.

Nur einen Katzensprung entfernt befindet sich das Wohnhaus eines weiteren berühmten Sohnes Catanias, *Giovanni Verga* (1840–1922). In der heutigen **Casa Museo di Giovanni Verga** 9 (Via Sant' Anna 8, Tel. 09 57 15 05 98, Di–So 9–13 und 15.30–18.30 Uhr) verbrachte der berühmte Schriftsteller, ein Vertreter des italienischen Naturalismus, viele Jahre bis zu seinem Ableben im Jahr 1922.

Über die *Via Vittorio Emanuele* gelangt man nun zum **Teatro Romano** 10 (Tel. 09 57 15 05 08, tgl. 9–13 und 14.30–19 Uhr), das einst am Südhang der antiken *Akropolis* lag, heute aber vom Häusermeer des modernen Catania umzingelt wird. Das aus Lavagestein und Marmor bestehende Halbrund wurde im 1. Jh. n. Chr. vermutlich über den Resten eines hellenistischen Vorgängerbaus errichtet. Mit einem Durchmesser von 102 m fasste das beachtliche Bauwerk einst mehr als 7000 Zuschauer. Im 11. Jh. ließ der Normanne *Roger I.* die marmorne Verkleidung entfernen und für den Bau des Doms abtransportieren.

Direkt neben dem Theater liegt das kleine römische **Odeon** 11 (Öffnungszeiten wie Teatro Romano) für musikalische Veranstaltungen, das mit seiner überdachten Tribüne etwa 1300 Zuschauern Platz bot. Als Baumaterial kam ebenfalls Lavagestein zum Einsatz. Südwestlich des Theaters, im Innenhof der **Chiesa San Pantaleone**, wird übrigens der Standort des römischen Forums vermutet. Nordöstlich davon, in der *Via della Rotonda*, sind die Reste einer **Thermenanlage** zu begutachten, eines Rundbaus mit einer auf acht Arkaden aufliegenden Kuppel. Das spätrömische Badehaus wurde im 6. Jh. zur Kirche umfunktioniert, drei Nischen bildeten die Chorapsiden.

Über die Piazza Mazzini führt der Weg zur *Piazza Federico di Svevia*. Hier erhebt sich das von *Friedrich II.* zwischen 1239 und 1250 errichtete **Castello Ursino** 12 (Tel. 095 34 58 30, Mo–Sa 9–13 und 15–19 Uhr). Ursprünglich lag das quadratische Stauferkastell mit den vier vorspringenden Ecktürmen direkt am Meer. Die Lavamassen von 1669, denen die Burg sogar standhielt, haben jedoch den Küstenverlauf weiter nach Osten verlagert. In den Räumen des Kastells ist das **Museo Civico** untergebracht. Die Sammlung besitzt Exponate von der Antike bis zur Gegenwart, letztere ist vor allem durch die Collezione Zappalà vertreten.

Der Weg zurück zum Dom führt durch die barocke *Porta Uzeda* aus dem Jahr 1696. Von der Piazza del Duomo gen Norden erreicht man das **Teatro Massimo Bellini** 13 (Tel. 09 57 30 61 10, www.teatromassimobellini.it, Führungen Mo, Mi, Fr 9.30 und 11.30 Uhr, Ticket-Tel. 09 57 15 09 21). Die Pläne für das Opernhaus stammen von *Andrea Scala* und *Carlo Sada*, sie orientierten sich an der *Opéra-Garnier* von Charles Garnier in Paris. Das hiesige Theater konnte nach langer Bauzeit und vielen Verzögerung endlich am 31. Mai 1890 mit Vincenzo Bellinis Oper ›La Norma‹ eröffnet werden. Das Haus gilt als eines der schönsten in Italien und verfügt über eine hervorragende Akustik. Den Bühnenvorhang mit dem ›Sieg der Catanier über die Libyer‹ (1883) schuf Giuseppe Sciuti.

Auf dem Rückweg sollte man dem südlich gelegenen **Palazzo Biscari** 14 (Via Museo Biscari 10–16, Tel. 09 57 15 25 08, www.palazzobiscari.com, Führungen auf Voranmeldung) einen Besuch abstatten. In dem 1772 vollendeten Barockpalast empfing der Principe Bisacri aus der Familie Paternò Castello 1787 *Johann Wolf-*

Mit der Opernloge im Augenwinkel – das schwindelerregend schöne Teatro Massimo Bellini

Kein Kilimandscharo – Ätna, der ›Berg der Berge‹ und größte Vulkan Europas ▷

gang von Goethe. Jener war beeindruckt von der Antikensammlung des Hausherren (heute im Castello Ursino), er wird aber auch ein Auge für die Schönheiten der Architektur gehabt haben. Schon allein die *Fassade* mit ihrem üppigen, von fröhlich spielenden Putten bevölkertem Dekor ist begeisterungswürdig. Vom Cortile mit einer musikalisch geschwungenen, zweiläufigen Freitreppe erreicht man die Sala Grande. Ihre blumen- und puttenreichen Deckenmalereien kulminieren in der Kuppel, wo der Gott Vulkan Hof hält.

Praktische Hinweise

Information

Ufficio Turismo, Via Vittorio Emanuele 172, Catania, Tel. 09 57 42 55 73, www.comune.catania.it. Hier ist das Magazin *Lapis* (www.lapisnet.it) erhältlich, das über Veranstaltungen in Catania informiert.

Flughafen

Aeroporto Catania Fontanarossa, 7 km südwestlich von Catania, Tel. 095 34 05 05, www.aeroporto.catania.it

Musikalische Pasta

Catania ehrt seinen berühmtesten Sohn, **Vincenzo Bellini**, auf vielerlei Art. Es gibt ein kleines Museum, eingerichtet in seinem Geburtshaus, und ein nach ihm benanntes **Opernhaus**. Und es gibt ›Pasta alla Norma‹. Wo immer man in Catania auch essen geht, überall stößt man auf der Speisekarte auf dieses Gericht, und das ist natürlich nicht nur ein Name, sondern zugleich eine Hommage an den Komponisten der Oper ›La Norma‹.

Vincenzo Bellini wurde 1801 in Catania geboren und starb 1835 in Puteaux bei Paris. Er ging nach Neapel und später an die **Mailänder Scala**, wo ›La Norma‹ uraufgeführt wurde. Hier feierte er seine größten Erfolge. Weitere bekannte Opern Vincenzo Bellinis sind ›I Puritani‹ und ›I Pirati‹.

Und was ist nun Pasta alla Norma? Es sind Spaghetti oder Penne mit einem Sugo aus Tomaten, Basilikum, gebackenen Auberginen und Ricotta-Käse. Wenn das keine Ehre ist!

Zwischen Flughafen und Hauptbahnhof bzw. Hafen verkehrt alle 20 Min. der AMT Alibus (5–24 Uhr).

Kino

Odeon, Via Filippo Corredoni 19, Catania, am Park Villa Bellini, Tel. 095 32 63 24. Moderner Filmpalast im Art-déco-Stil, Glas- und Aluminium-Pracht.

Vergnügungspark

Etnaland, 15 km außerhalb von Catania, A 19, Ausfahrt Gerbini, Tel. 09 59 89 71 01, www.etnaland.eu, Ende Juni–Anfang Sept. Aquapark für die ganze Familie mit spektakulären Rutschen für die Großen, aber auch einem Kleinkindbereich. Es besteht ferner die Möglichkeit, mit einer Seilbahn über den Park zu schweben, mit schönem Ätna-Blick.

Hotels

******Liberty Hotel**, Via San Vito 40, Catania, Tel. 095 31 16 51, www.libertyhotel.it. Gediegene Zimmer in einem Palazzo aus dem frühen 20. Jh. im Zentrum.

******Residence La Vetreria**, Via Grimaldi 8, Catania, Tel. 095 28 15 37, www.residencelavetreria.com. Attraktive Apartments verschiedener Größe im künstlerischen Ambiente eines Palazzos unweit des Castello Ursino.

******Una**, Via Etnea 218, Catania, Tel. 09 52 50 51 11, www.unahotels.it. Moder-

nes Hotel in einem barocken Palazzo mit kühl gestylten Zimmern, türkischem Bad sowie aussichtsreicher Dachterrasse mit Bar und Restaurant.

***Hotel Savona**, Via Vittorio Emanuele 210, Catania, Tel. 095 32 69 82, www.hotel savona.it. Im Zentrum gelegenes, freundliches, modernisiertes Altstadthaus. Zimmer zur Straße hinaus etwas laut.

Restaurants

I Crociferi, Piazza San Francesco 14, Catania, Tel. 09 57 15 24 80, www.ristoran tecrociferi.com. Mediterrane Küche im edlen Ambiente eines Stadtpalastes (So Abend geschl.).

Metro, Via Crociferi 76, Catania, Tel. 095 32 20 98, www.ristorantemetro.it. Ob Pasta, Fisch oder Dolci, hier schmeckt alles köstlich (Sa Abend und So geschl.).

Taverna dei Tre Conti, Viale della Libertà 129–131, Catania, Tel. 095 53 98 36. Beliebtes Restaurant. Der Fisch, den man sich am Eingang aussucht, kommt wohlschmeckend zubereitet auf den Tisch.

Caffès

Al Caprice, Via Etnea 30–36, Catania. Sehr gutes Eis und sizilianische Köstlichkeiten wie Cassata.

Gelateria del Duomo, Via Vittorio Emanuele, Catania. Hausgemachtes Eis der Spitzenklasse.

Savia, Via Etnea 302, gegenüber der Villa Bellini, Catania. Hervorragendes Eis und Cannoli, Rollen mit Ricotta und Früchten.

33 Ätna

Einer der letzten Feuer speienden Vulkane Europas.

Majestätisch erhebt sich der Ätna (3329 m) nicht weit entfernt von der Ostküste Siziliens. Der **Mongibello**, der ›Berg der Berge‹, wie die Sizilianer den Ätna in einer lateinisch-arabischen Wortschöpfung nennen, ist einer der letzten aktiven Vulkane Europas. Dank der Frühwarnsysteme der Vulkanologen leben die Menschen am Ätna heute jedoch nicht mehr ganz so gefährlich wie früher. Auch für den Tourismus ist er längst erschlossen. Wenn der scheinbar schlummernde Drache also nicht gerade Rauch und Asche speit, kann man den Aufstieg wagen. Ein Ausflug hinauf zum Gipfel, direkt an den Kraterrand, in eine in Europa einzigartige Vulkanlandschaft, zählt zu den großen Attraktionen einer Sizilienreise.

Seit der Antike sind zahlreiche **Ätna-Ausbrüche** überliefert, die stärksten Eruptionen aus den Jahren 475 v. Chr., 396 v. Chr., 36 v. Chr., 1329 und 1669. Zwar liegt der letzte große Ausbruch schon lange zurück, doch hat sich der Vulkan keineswegs zur Ruhe gesetzt, er raucht und brodelt ständig und immer wieder. Auch im 20./21. Jh. kam es zu einigen heftigen Eruptionen. 1983 bewegten sich die Lavamassen auf die Ortschaft **Nicolosi** zu, 1992 auf **Zafferana Etnea**. Der Ausbruch 2001 bedrohte zeitweilig erneut Nicolosi, vor allem aber das Touristenzentrum Rifugio Sapienza. Nachdem die Lava Anlagen der – mittlerweile wiederhergestellten – Seilbahn und vereinzelte Häuser zerstört hatte, kam sie nur wenige Meter vor der Siedlung zum Stehen. Letztmals spuckte der Ätna 2008 Feuer.

Die Region um den Ätna war trotzdem schon immer dicht besiedelt. Zahlreiche Dörfer und auch größere Städte, erbaut aus dunklem Lavastein, ziehen sich wie ein Ring um den Vulkan. Die ständige Gefahr eines Ausbruchs hat die Menschen also keineswegs abgeschreckt. Die Erklärung für solche Risikobereitschaft ist einfach und doch erstaunlich: **Vulkanische Erde** zählt zu den fruchtbarsten Böden überhaupt und bietet daher beste Voraussetzungen für die Landwirtschaft. Nach einem Ausbruch dauert es allerdings etwa 200 Jahre, bis der Boden erneut genutzt werden kann.

Ätna-Umrundung

Wer sich eine Vorstellung von den riesigen Ausmaßen des Vulkans machen möchte, sollte sich zur Umrundung des Ätna entschließen. Dieser Ausflug ist sowohl mit dem Auto als auch mit dem Zug durchführbar. Die Schmalspurbahn **Ferrovia Circumetnea** (FCE, Tel. 095 54 12 50, www.circumetnea.it) und auch die fast parallel dazu laufende Straße bedienen die wichtigsten Orte der Region und passieren dabei verschiedene Landschafts- und Vegetationszonen. Bis zu einer Höhe von 500 m überwiegt der Gemüseanbau. Zwischen 500 und 1300 m findet man Obstbäume, Orangen, Zitronen, Pfirsiche, aber auch Mandel- und Haselnusssträucher. Oberhalb von 1300 m beginnt der Kastanienwald. Doch mitten in der blühenden Landschaft tauchen immer wieder Lavafelder auf, die jedes Leben erstickt haben.

Ausgangspunkt für die Zugfahrt ist die Ortschaft **Giarre** nördlich von Catania. Die Bahn benötigt für die 110 km lange Strecke, die in Catania endet, etwa drei Stunden. Man muss die Route jedoch nicht in einem Schwung durchfahren. Da die Bahn tagsüber in regelmäßigen Abständen verkehrt, bietet sich die eine oder andere Zwischenstation an.

Die erste Ortschaft, die man unterwegs passiert, ist die auf 550 m gelegene normannische Gründung **Linguaglossa**. Die einst prächtigen Pinienwälder ringsum fielen größtenteils dem Ätnaausbruch von 2002 zum Opfer. Sehenswerter ist **Randazzo**. Obwohl das kleine Dorf nur etwa 15 km vom Kraterrand entfernt liegt, ist es noch nie von den Lavamassen überrollt worden. Doch schon einige Male hat nicht viel gefehlt, wie die erstarrten Lava-

Der rätselhafte Turm des Philosophen

Torre del Filosofo wird das römische Gemäuer nahe dem Observatorium genannt, um das sich die Legenden über den Tod des Philosophen und Arztes **Empedokles** (etwa 483–425 v. Chr.) aus Akragas/Agrigent ranken. War er nur leichtfertig und kam der tödlichen Glut zu nah? Oder hat er sich, um seine Sterblichkeit zu kaschieren, wirklich in den brodelnden Krater geworfen? Dann hätte der Berg ihn verraten, denn nachdem er den Dichter verschlungen hatte, spie er dessen bronzene Sandalen wieder aus, wo man sie am Kraterrand fand.

Ruß, Schwefel, Ascheberge und Feuerschlünde – eine unheimlich schöne Kraterlandschaft

ströme kurz vor der Ortschaft bedrohlich demonstrieren. In der *Altstadt* von Randazzo sieht man etliche aus Lavastein errichtete Stadtpaläste. Außerdem gibt es drei sehenswerte Kirchen, allen voran die *Chiesa Santa Maria* aus dem 13. Jh.

Hinter Randazzo, bei **Bronte**, erreicht die Bahn auf 760 m den höchsten Punkt der Strecke. Die nächste sehenswerte Ortschaft ist **Adrano**. In seiner mächtigen Normannenburg aus dem 11. Jh. präsentiert heute das *Museo di Adrano* (Piazza Umberto I, Tel. 095 769 26 61, Di–Sa 9–13 und 16–19, So/Fei 9–13 Uhr) eine sehenswerte archäologische Sammlung mit Funden aus prähistorischer und antiker Zeit. Nach einigen weiteren Kilometern erreicht der Zug **Paterno**, die größte Stadt an der Strecke und zugleich Zentrum des sizilianischen *Zitrusfrüchteanbaus*. Interessantestes Bauwerk ist eine von Roger I. erbaute *Festung*. Von hier ist es nun nicht mehr weit bis Catania.

Ätna-Besteigung

Wer den Ätna ganz aus der Nähe betrachten möchte, fährt über Nicolosi zum **Rifugio Sapienza**, dem auf 1910 m gelegenen Ausgangspunkt für Kraterbesteigungen. Von hier bringt die Seilbahn **Funivia dell' Etna** (Piazza Vittorio Emanuele 45, Nicolosi, Tel. 095 91 11 58, www.funivia.com) die Besucher auf 2500 m Höhe. Die letzten Meter bis zum *Torre del Filosofo* auf 2917 m werden dann zu Fuß oder im Jeep zurückgelegt. Eine Besteigung der Krater ist nur in Begleitung eines Bergführers möglich. Da der Vulkan nach wie vor aktiv ist, kann es jederzeit, auch ohne größere Vorankündigung, zu Sperrungen kommen.

i Praktische Hinweise

Information

Parco Regionale dell'Etna, Via del Convento 45, Nicolosi, Tel. 095 82 11 11, www.parcoetna.ct.it

Exkursionen

Gruppo Guide Alpine Etna Sud, Via Etnea 49, Nicolosi, Tel. 095 791 47 55, www.etnaguide.com. Mehrstündige Wanderungen zum Gipfel.

Siciltrek, Tel. 095 96 88 82, www.siciltrek.ch. Vulkanbergführer Andrea Ercolani bietet Tages- und Zweitagestouren zum Ätna sowie für alle Interessierten eine Webcam vom Vulkan.

Taormina und die Ostküste – traumhafte Theaterkulisse im Land der Zyklopen

Für viele Reisende ist **Taormina** wohl die anziehendste sizilianische Stadt. Die hinter dem griechischen Theater aufragende Landschaftskulisse beeindruckte schon *Johann Wolfgang von Goethe*. Er notierte am 6. Mai 1787 in seinem Tagebuch: »Rechts zur Seite auf höheren Felsen, erheben sich Kastelle, weiter unten liegt die Stadt, und obschon diese Baulichkeiten aus neueren Zeiten sind, so standen doch dort vor alters wohl eben dergleichen auf derselben Stelle. Nun sieht man an dem ganzen langen Gebirgsrücken des Ätna hin, links das Meerufer bis nach Catania, ja Syrakus; dann schließt der ungeheure, dampfende Feuerberg das weite, breite Bild, aber nicht schrecklich, denn die mildernde Atmosphäre zeigt ihn entfernter und sanfter, als er ist.« Und dann, nachdem er über die Steinstufen des griechischen Theaters hinuntergeblickt hatte, schloss Goethe: »Das ungeheuerste Natur- und Kunstwerk.«

Von Taormina aus, wohin heute die Touristen zu Tausenden kommen, lassen sich einige interessante Ausflüge in die Umgebung unternehmen: zur **Gola d'Alcantara**, einer atemberaubenden Schlucht, zur eindrucksvollen Normannenkirche **Santi Pietro e Paolo** und an die wildromantische **Zyklopenküste**, wo die Strände ursprünglicher sind als bei Taormina selbst.

34 Aci Castello und Aci Trezza

Wo früher Polyphem mit Steinen um sich warf, hat heute der Tourismus Einzug gehalten.

An der Zyklopenküste zwischen Catania und Taormina gibt es in unmittelbarer Nachbarschaft zu Catania drei Ortschaften, deren Vorsilbe ›Aci‹ an eine Liebesgeschichte aus Ovids ›Metamorphosen‹ erinnert: Die Nymphe *Galateia* liebte den Hirten *Akis*. Von Eifersucht gepackt erschlug ihn der Zyklop Polyphem. Daraufhin verwandelte Poseidon Akis in einen Fluss, in dem sich die beiden Liebenden endlich vereinten.

Das bedeutendste Bauwerk von **Aci Castello** ist ein hoch über dem Meer auf einem Felsen gelegenes Normannenkastell aus dem 11. Jh. Heute befindet sich hier das *Museo Civico* (Tel. 095 27 37 34 25, Sommer tgl. 9–13 und 16–20, Winter tgl.

Trampelbötchen und Badende zwischen den riesigen Wurfgeschossen des Zyklopen ▷

9–13 und 15–17 Uhr), das Mineralien und archäologische Funde zeigt.

Das bekannteste der drei Seebäder ist **Aci Trezza**, eine bereits in griechischer Zeit gegründete Siedlung. Der Ort ist Schauplatz einer Geschichte aus der griechischen Sagenwelt, und zwar der ›Odyssee‹ des Homer. In der Nähe von Aci Trezza befand sich die Höhle, in welcher der Zyklop Polyphem Odysseus und seine Begleiter gefangen hielt. Dem griechischen Helden gelang es jedoch, den Riesen betrunken zu machen und zu blenden. Um die Flucht des Odysseus aus dem Hafen zu verhindern, schleuderte der geblendete Polyphem ihm Felsbrocken hinterher. Diese verfehlten ihr Ziel, erinnern jedoch noch heute als spitze, bis zu 70 m aus dem Meer aufragende *Felsen* an jene Legende. Zugleich waren die Zyklopen-Steine namensgebend für diesen Küstenabschnitt.

Über die Grenzen Siziliens hinaus bekannt wurde Aci Trezza durch den Schriftsteller **Giovanni Verga** (1840–1922), der seinen Heimatort zum Schauplatz des 1881 erschienenen Romans ›I Malavoglia‹ machte. Er beschreibt den Niedergang der Fischerfamilie Malavoglia, der mit dem tödlichen Unfall des Sohnes auf See beginnt. 1947 verfilmte der Regisseur **Luchino Visconti** den Roman unter dem Titel

Was meinen Sie, hat das Netz nicht doch zu viele Löcher – pfiffiger Fischer in Aci Trezza

›La Terra trema‹ (Die Erde bebt) vor der Kulisse von Aci Trezza.

In dem Fischerdorf mit seinem kleinen **Hafen** und der Werft scheint das Leben von der Moderne weitgehend unberührt. Wie in den vergangenen Jahrhunderten fahren auch heute noch die Fischer mit ihren bunten Booten hinaus aufs Meer und legen anschließend ihre Netze am Strand zum Trocknen aus. Von den Erträgen leben die Einwohner gar nicht so schlecht, denn die Ortschaft ist Ausflugsziel für alle, die den fangfrischen Fisch der hiesigen Lokale zu schätzen wissen.

i Praktische Hinweise

Restaurant

Trattoria da Federico, Via Provinciale 115, Aci Trezza, Tel. 095 27 63 64, www.trattoria dafederico.it. Pasta mit Muscheln oder Seeigel, frischer Fisch und Meeresfrüchte mit Blick auf den Hafen.

Nachtleben

Banacher, Via Vampolieri 2, Aci Castello. Eine der größten Freiluft-Diskotheken Siziliens (Anfang Juni–Mitte Sept., Do–So 22–5 Uhr).

35 Acireale

Ein Thermalbad, das schon die Römer schätzten.

Heute ist Acireale eine Barockstadt, doch seine Ursprünge gehen aufs Altertum zurück. 731 v. Chr. gründeten die Griechen an diesem Ort *Xinophia*, das die Römer später *Acis* nannten. Wie so viele andere Städte an der Ostküste wurde auch Acireale bereits mehrfach von Lavaströmen überrollt und anschließend wiederaufgebaut. Zeugnisse aus antiker Zeit gibt es abgesehen von einigen Überresten römischer Thermen keine mehr. Schon in römischer Zeit wurden übrigens die schwefel-, chlor- und jodhaltigen *Heilquellen* des Ortes genutzt. Heute gibt es moderne Thermenanlagen, die **Termi di Acireale** (Tel. 09 57 68 61 11, www.terme-acireale.com) im südlich von Acireale gelegenen Kurort *Santa Venera*. Sie sind sogar ganzjährig geöffnet.

Die **Altstadt** von Acireale erhebt sich auf einem Felsplateau über dem Meer. An der zentralen **Piazza del Duomo** hat sich mit dem Duomo Santissima Annunziata (1597–1618, um 1900 verändert), der Chiesa dei Santi Pietro e Paolo (18. Jh.) und dem Palazzo Comunale von 1659 ein elegantes, überwiegend barock geprägtes Ensemble erhalten. Die **Chiesa San Sebastiano** (um 1650) an der Piazza Lionardo Vigo mit ihrer pompösen Barockfassade zählt zu den wenigen Bauwerken aus der Zeit vor dem großen Erdbeben 1693.

Weinbau und Seidenweberei waren die Grundlage für den bemerkenswerten Wohlstand Acireales. Man investierte auch in den Bau üppig geschmückter Stadtpaläste. Davon geben heute noch der klassizistische **Palazzo Pennisi di Floristella** nach Plänen von Mariano Falcini und der **Palazzo Calanna** mit Fresken von Giuseppe Sciuti Zeugnis.

Übrigens ist Acireale auch die **Karnevalshochburg** Siziliens. Alljährlich im Fe-

Wasser, Sand, Farben – unbeschwerte Urlaubsstimmung am Strand von Giardini Naxos

bruar wird ausgiebig gefeiert. Eine Woche lang ziehen Paraden mit prächtig kostümierten Karnevalisten durch die Gassen. Zum Rahmenprogramm gehören Musik, Tanz und Feuerwerk.

Ein schöner Ausflug geht über Santa Maria La Scala und weiter zur **Chiesa Santa Maria della Neve** (Via Provinciale per Riposto 3). Die Kirche birgt eine Krippe mit lebensgroßen Wachsfiguren. Die hiesige Küstenregion lädt zu beschaulichen Spaziergängen mit Meerblick ein.

◁ *Anmutiges Acireale – Duomo, Santi Pietro e Paolo und Palazzo Communale (vlnr)*

i Praktische Hinweise

Information

Assessorato Comunale Turismo, Palazzo di Città, Via Lancaster 13, Acireale, Tel. 095 89 52 49, www.comune.acireale.ct.it

Hotels

******Grande Albergo Maugeri**, Piazza Garibaldi 27, Acireale, Tel. 095 60 86 66, www.hotel-maugeri.it. Kühles, modernes Hotel im Stadtzentrum.

******Santa Caterina**, Via Santa Caterina 42, Acireale, Tel. 09 57 63 37 35, www.santacaterinahotel.com. Komfortables Haus mit gemütlichen Zimmern und einem schönen Garten mit Pool.

36 Giardini Naxos

Hier begann die griechische Kolonisierung Siziliens.

735 v. Chr. ließen sich griechische Siedler aus Euböa am *Capo Schisò* nieder. Hier gründeten sie **Naxos**, die erste griechische Kolonie auf Sizilien. Doch wurde diese schon bald an Bedeutung von anderen Städten übertrumpft und schließ-

Ehrfürchtige Andacht im grünen Rund – das Theater von Taormina mit Ätna

lich 403 v. Chr. von Syrakus vollkommen zerstört. Die spärlichen Reste des Altertums kann man im 21 ha großen **Parco Archeologico** (Tel. 094 25 10 01, tgl. 9 Uhr bis 1 Std. vor Sonnenuntergang) und dem angeschlossenen *Museo* besichtigen. Doch viel mehr als Reste eines der Aphrodite geweihten Tempels und der Befestigungsmauer sind nicht zu sehen.

Urlauber kommen eher zum Badevergnügen in die malerische Bucht von Giardini Naxos. Der Ort mit seinem gepflegten Strand und der langen Promenade – hier reihen sich zahllose Restaurants, Cafés, Bars und Diskotheken aneinander – hat sich auf ein junges Publikum eingestellt, und folglich ist hier Party bis tief in die Nacht angesagt.

i Praktische Hinweise

Information

AAST, Via Tysandros 54, Giardini Naxos, Tel. 094 25 10 10, www.comune.giardini-naxos.me.it

Tauchen

Naxos Diving Center, Atahotel Naxos Beach Resort, Via Recanati 26, Giardini Naxos, Tel. 09 42 66 11, www.atahotels.it, Tauchschule, Mobil-Tel. 360 28 95 55, www.divesicily.com. Hier werden günstige Pauschalarrangements für Anfänger und Fortgeschrittene inklusive Übernachtung und Verpflegung angeboten.

Hotels

****Sant'Alphio Garden Hotel & Spa**, Via Recanati, Giardini Naxos, Tel. 094 25 13 83, www.santalphiohotel.com. Modernes, komfortables Hotel mit Schwimmbad und eigenem Strand.

Hotel Villa Mora, Lungomare Naxos 47, Giardini Naxos, Tel. 094 25 18 39, www.hotelvillamora.com. Einfaches, nettes Hotel im alten Teil des Ortes.

Restaurant

La Cambusa, Via Schisò 3, Giardini Naxos, Tel. 094 25 14 37, www.lacambusaristorante.com. Frischer Fisch und Meeresfrüchte direkt am Hafen.

Nachtleben

Marabù, Via Lanuzzo, Giardini Naxos. DJ-Live-Acts, Elektronik, Techno (Juni–Aug.).

37 Taormina

Die schönste Theaterkulisse der Welt.

Taormina zieht wahre Besuchermassen an. Während der Sommermonate wird die auf einem Felsvorsprung des *Monte Tauro* 200 m über dem Meer gelegene Stadt von Busreisenden und Kreuzfahrturlaubern geradezu überschwemmt. Sie durchstreifen den Ort, um sich das **Teatro Greco** anzuschauen, und um die zahlreichen Souvenirläden und Cafés aufzusuchen. Im 19. Jh. kamen die ersten Reisenden aus Mittel- und Nordeuropa, um hier zu überwintern. Das kleine Städtchen mit dem berühmten Theater entwickelte sich rasch zur bevorzugten Destination des Großbürgertums, des Adels, der Künstler und Intellektuellen.

Der Hauch des Vornehmen ist heute etwas vom regen **Tagestourismus** beeinträchtigt. Doch malerisch ist Taormina immer noch. Unvergesslich ist vor allem das griechische Theater mit seiner einzigartigen Kulisse von Meer, Stadt und Vulkan. Von hier erscheint der **Ätna** – bei klarer Sicht – als ein sanftblaues Zelt mit weißer Haube über grünen Wäldern und Orangenhainen.

Geschichte Bereits in sikulischer Zeit war der Monte Tauro besiedelt. Die strategisch bedeutende Lage auf einem Felsvorsprung zog 396 v. Chr. die Karthager

an, und Hamilkar gründete das antike **Tauromenion**. Doch bereits vier Jahre später eroberte *Dionysios I.*, Tyrann von Syrakus, die Stadt. 215 v. Chr. begann die Herrschaft der Römer. In byzantinischer, arabischer, normannischer und spanischer Zeit war Taormina ein eher unbedeutendes Dorf.

Und deshalb richtete sich das Interesse des im 19. Jh. einsetzenden **Tourismus** fast ausschließlich auf die Zeugnisse des Altertums. 1860 hielt der deutsche Maler *Otto Geleng* das griechische Theater und Taorminas faszinierende landschaftliche Kulisse mit Ätna in einigen Gemälden fest. Dies brachte die Reisewelle gen Sizilien erst so richtig ins Rollen.

Im Gefolge kam auch der mit Geleng befreundete Fotograf *Wilhelm von Gloeden* an die Ostküste Siziliens. Er produzierte in Taormina eine Fotoserie, auf denen schöne Sizilianer mit Lorbeer bekränzt, nur spärlich oder gar nicht bekleidet, im Stil greichischer Jünglinge posierten. Längst lebt Taormina ausschließlich vom Tourismus, und seine über 100 Hotels sind in den Sommermonaten häufig restlos ausgebucht.

Besichtigung Um zum beeindruckendsten und bedeutendsten Bauwerk Taorminas, dem **Teatro Greco** 1 (Tel. 0942 24291, tgl. 9 Uhr–1 Std. vor Sonnenuntergang) zu gelangen, muss man eigentlich nur den Besucherscharen folgen. Anders, als der Name vermuten lässt, stammt das Theater, wie es sich dem Betrachter heute darbietet, keineswegs aus griechischer Zeit. Nur noch die Lage, eingebettet in einen Hang, erinnert an seine Ursprünge. Der römische Bau wurde im 2. Jh. v. Chr. auf den Fundamenten eines hellenistischen Vorgängerbaus aus der Zeit *Hierons II.* (3. Jh. v. Chr.) errichtet und bot Platz für 5400 Zuschauer. Damit war dies das zweitgrößte antike Theater Siziliens nach dem von Syrakus.

TOP TIPP

Heute kann man wieder nachvollziehen, wie die griechischen Baumeister die Natur als Theaterkulisse einsetzten. Von den oberen, in den Fels geschlagenen Stufen fasziniert ein einzigartiger Rundblick über das Meer, die Küste und den Ätna – ein unvergessliches Panorama.

Für den römischen Theaterbau wurde später eine mehrgeschossige *Bühnenwand* hochgezogen, die die fantastische Naturkulisse verstellte. Ein weiterer römischer Umbau fand im 3. Jh. n. Chr. statt. Die unteren Sitzreihen wurden entfernt, um den Bühnenbereich für Zirkusspiele zu vergrößern, der Zuschauerraum wurde nach oben erweitert.

Die heute durchbrochene Theaterwand gibt wieder den Blick auf die umgebende Landschaft frei. Im Juli/August kann man die romantische Kulisse und die gute Akustik auf griechische Art genießen. Während des Festivals **Taormina Arte** (Tel. 0942 628730, www.taormina-arte.com)

werden hier Konzerte, Theaterstücke und Opern aufgeführt.

Unweit des Teatro Greco erhebt sich das legendäre **Hotel Timeo** (www.grandhoteltimeo.com), die erste Residenz der frühen Taormina-Besucher. In diesem Luxushotel wohnten besonders illustre Gäste, und auch heute noch begeistert es durch sein exklusives Flair.

Wer vom Theater über die Via Teatro Greco Richtung Zentrum läuft, stößt nach kurzer Zeit auf den **Corso Umberto**, die autofreie Hauptstraße, die sich im Bogen durch die gesamte Ortschaft zieht.

Beliebte Treffpunkte sind die *Piazza Vittorio Emanuele* und die sich anschließende *Piazza Santa Caterina*. Hier erhebt sich der schöne **Palazzo Corvaja** ❷. Er enstand in mehrern Bauphasen vom 13. bis zum 15. Jh. und weist arabische, byzantinische und normannische Stilmerkmale auf. Im Innenhof gewahrt man den ältesten Teil der Anlage, einen arabischen Wehrturm. Heute sind im Palazzo Corvaja das *Tourismusbüro* und die Ethno-anthropologische Sammlung *Panarello* (Di–So 9–13 und 16–20 Uhr) ansässig, die u. a. mit hübschen Votivbildern bestückt ist.

Hinter dem Palazzo sieht man Überreste eines weiteren antiken Theaters. Das kleine, einst überdachte **Odeon** ❸ aus der römischen Kaiserzeit war für etwa 200 Zuschauer angelegt. Wenn man den Corso Umberto überquert und in Höhe der Banco di Sicilia nach links abbiegt, trifft man in der *Via Naumacchia* erneut auf römisches Erbe. Eine 122 m lange und 5 m breite Ziegelmauer mit zweimal 18 Bogennischen hat die Fantasie der Archäologen schwer beschäftigt. Aufgrund des Namens des Bauwerks, **Naumacchia** ❹, vermutete man, dass hier in einem riesigen Wasserbecken Seeschlachten aufgeführt wurden. Zutreffender scheint die Deutung, dass es sich hierbei um die Außenhaut einer Zisterne handelt.

Folgt man der Straße immer geradeaus, gelangt man zur **Villa Comunale** ❺. Anfang des 20. Jh. ließ die Britin *Florence Trevelyan* den Park mit reicher Pflanzenpracht schmücken, außerdem entwarf sie bizarre Figuren, die heute quasi wie Requisiten längst vergessener Openinszenierungen im Grünen stehen. 1922 verkaufte Miss Trevelyan den Giardino an die Stadt. Seitdem ist er ein Ort der Erholung für ganz Taormina und bietet zudem eine wundervolle Aussicht. An Sommerabenden wird gelegentlich musiziert oder Theater gespielt.

Zurück am *Corso Umberto* folgt man einem kurvenreichen Weg bergauf zum **Santuario Madonna della Rocca** ❻ und zur Ruine des **Castello Saraceno**. Hier oben scheint der Ätna plötzlich ganz nah. Außerdem überblickt man die Altstadt und das Meer. Ein beliebter Aussichtspunkt ist auch die 200 m über der Küste gelegene Terrasse der **Piazza IX Aprile** ❼. Hier laden einige Cafés zur Rast ein.

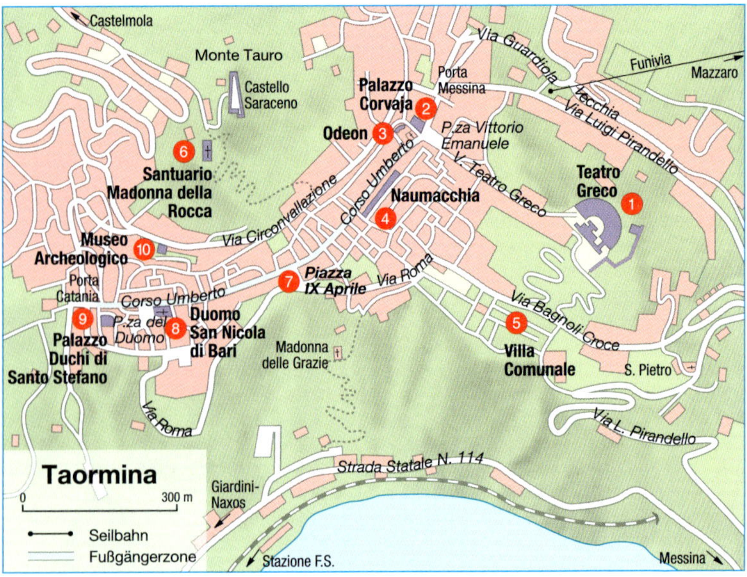

Poliert und putzig – die Piazza IX Aprile ähnelt einem festlich erleuchteten Ballsaal

Zentrum der Altstadt aber ist die **Piazza del Duomo** mit einem kleinen Barockbrunnen aus dem Jahr 1635, der die Figur eines Kentauren trägt. Der **Duomo San Nicola di Bari** 8, eine dreischiffige Basilika, stammt aus dem 13. Jh., wurde aber später mehrfach umgebaut. Zu der ansonsten bescheidenen Ausstattung gehört auch das schöne Altargemälde ›Maria mit Kind und Heiligen‹. Das Polyptychon wurde 1504 von *Antonello da Saliba*, einem Neffen Antonello da Messinas, gefertigt.

Zweigt man am Ende des Corso Umberto links ab, erreicht man binnen Kurzem den schönen **Palazzo Duca di Santo Stefano** 9 (tgl. 9–12.30 und 15.30–18 Uhr) aus dem 15. Jh. Er wurde bei Luftangriffen im Zweiten Weltkrieg beschädigt, ist aber längst restauriert und heute Sitz der *Fondazione Mazullo*. In Palast und Garten kann man die expressiven Skulpturen des Sizilianers Giuseppe Mazzullo betrachten.

In dem etwas außerhalb des Zentrums gelegenen gotischen Adelspalast *Badia Vecchia* ist das **Museo Archeologico** 10 (Via Circonvallazione, tgl. 9–13 und 16–20 Uhr) untergebracht. Es zeigt späthellenistische Skulpturen und Terra-Sigillata-Keramik aus der römischen Kaiserzeit.

Zu Füßen Taorminas reihen sich die **Strände** Isola Bella, Mazzaro und Lido Spisone aneinander. Sie sind ganz hübsch, doch allesamt eher schmal.

Schöne breite Sandstrände hingegen bieten der Badeort **Letojanni** 5 km nördlich und das **Capo Sant'Alessio** etwa 10 km nördlich von Taormina. Zur malerischen Kulisse gehört hier auch ein Felssporn mit einem normannischen Castello.

i Praktische Hinweise

Information

AAST, Palazzo Corvaja 1, Taormina, Tel. 094 22 32 43, www.gate2taormina.com

Parken

Das Zentrum von Taormina ist für den privaten Autoverkehr gesperrt. Parkmöglichkeiten bestehen im Parkhaus Porta Catania unweit des Corso Umberto und im Parkhaus Lumbi, von dem aus Busse ins Zentrum verkehren. Zu Fuß sind es von hier 5–10 Min. Weitere Parkplätze findet man an der Talstation der Seilbahn Mazzaro–Taormina im Ortsteil Mazzaro.

Seilbahn

Funivia Mazzaro–Taormina, Talstation Piazza della Funivia, Mazzaro, Bergstation Via Luigi Pirandello, Taormina. Die Seilbahn verbindet Taormina-Zentrum mit dem direkt am Meer gelegenen Ortsteil Mazzaro, tgl. 8–1 Uhr, Fahrtdauer 2 Min.

Tauchen

Nike Diving Center, Mazzaro, Mobil-Tel. 33 91 96 15 59, www.diveniketaormina.com. Tauchen im Naturschutzgebiet Isola Bella, Kurse für Anfänger und Fortgeschrittene.

Wildromantisches Badeidyll – die Isola Bella verschönt das Küstenprofil zu Füßen Taorminas

Hotels

TOP TIPP *******San Domenico Palace Hotel**, Piazza San Domenico 5, Taormina, Tel. 09 42 61 31 11, www.amthotels.it/sandomenico. Im 17. Jh. ließ ein reicher Ordensmann für sich und seine Mitmönche ein Kloster errichten. Heute lassen sich Touristen in dieser luxuriösen Herberge verwöhnen.

******Villa Paradiso**, Via Roma 2, Taormina, Tel. 094 22 39 21, www.hotelvillaparadiso taormina.com. Hotel beim Giardino Pubblico mit schönem Ausblick auf das Meer und den Ätna. Im Sommer kostenloser Transfer zum hoteleigenen Paradise Beach Club in Letojanni.

*****Villa Fiorita**, Via Pirandello 39, Taormina, Tel. 094 22 41 22, www.villafioritahotel.com. Gepflegt, originell und komfortabel, mit Terrasse zum Meer und schattigem Garten – kurz: eine Idylle.

*****Villa Schuler**, Via Roma, Piazzetta Bastione, Taormina, Tel. 094 22 34 81, www.villaschuler.com. Das von einem schönen Park umgebene Hotel ist ein Ruhepunkt inmitten der Altstadt. Die Zimmer bieten Meeres- und Ätna-Blick.

Restaurants

Il Gambero Rosso, Via Naumachia 11, Taormina, Tel. 094 22 48 63. Ausgezeichnete Pizzeria mit Tischen im Freien.

La Capinera, Via Nazionale 177, Taormina, Tel. 09 42 62 62 47, www.ristorantelacapinera.it. Das mit einem Michelin-Stern ausgezeichnete Lokal kredenzt köstlichen Fisch, gratis dazu kommt der schöne Blick aufs Meer (Mo geschl.).

TOP TIPP **Maffei's**, Via San Domenico di Guzman 1, Taormina, Tel. 094 22 40 55. Kleines Lokal in einer der engen Gassen unterhalb des Corso Umberto. Hier zeigt sich die sizilianische Küche von ihrer allerbesten Seite. Und der Weinkeller birgt viele exzellente Tropfen aus der Region.

Ristorante a Zammàra, Via Fratelli Bandiera 15, Taormina, Tel. 094 22 44 08. Auf der Terrasse, umgeben von Orangenbäumen, schmecken die Spezialitäten Siziliens noch mal so gut. Auf Wunsch auch frische Pasta (Mi geschl.).

38 Castelmola

Pittoreskes Bergstädtchen oberhalb von Taormina mit grandiosen Ausblicken auf die Küste.

Das oberhalb von Taormina auf dem *Monte Venere* (885 m) thronende Bergstädtchen Castelmola lebt heute ebenfalls überwiegend vom Tourismus. Nach Castelmola ziehen sich jene Urlauber zurück, welche die Ruhe in den mittelalterlichen, heute autofreien Gassen dem Trubel von Taormina vorziehen. Spektakulär ist vor allem der Blick von hier oben auf die Landschaft rund um Taormina, die Weite des Meeres und den majestätischen Ätna.

Plan vordere Umschlagklappe

Praktische Hinweise

Hotel

****Villa Sonia**, Via Porta Mola 9, Castelmola, Tel. 094 22 80 82, www.hotelvilla sonia.com. Elegantes Hotel mit gemütlichen Zimmern und großer Aussichtsterrasse mit Pool. Atemberaubendes Ätna-Panorama.

Restaurant

Gallo Cedrone, Via A. de Gaspari 34, Castelmola, Tel. 09 42 63 20 45. Köstliche Pizza und herrlicher Blick auf den Ätna.

39 Gola d'Alcantara

Atemberaubende Schlucht mit bizarren Felsformationen.

15 km westlich von Taormina öffnet sich die Gola d'Alcantara, eine 400 m lange und 5–8 m breite Schlucht. Sie ist von der Autobahnausfahrt Giardini auf der SS 185 zu erreichen. Allenthalben ragen die bis zu 50 m hohe Basaltfelsen auf, kreativ und bizarr geformt von den wilden Wassern des Flusses *Alcantara*. Im Sommer kann es besonders an Wochenenden eng werden, wenn Besucher zu Hunderten durch das Wasser waten. Doch selbst in der heißen Jahreszeit übersteigt die Wassertemperatur kaum 12 °C (Verleih von Gummihosen gegen Gebühr).

Das arabische Fluidum der normannischen Baukunst – die Kirche Santi Pietro e Paolo

Knitterlook – die Basaltfelsen der Gola d'Alcantara erinnern an modernes Modedesign

Praktische Hinweise

Information

Parco fluviale dell'Alcantara, Besucherzentrum, Via Arciprete Calì 46, Castiglione di Sicilia, Führungen Tel. 09 42 98 99 11, www.parcoalcantara.it

40 Santi Pietro e Paolo

Eine normannische Klosterkirche am Wegesrand.

Etwa 25 km nördlich von Taormina, beim Ort *Casalvecchio Siculo*, steht am nördlichen Ufer des Flusses Agrò die trutzige Normannenkirche Santi Pietro e Paolo (Tel. 090 95 21 54, Besichtigung auf Voranmeldung). *Rogers II.* gab 1117 den Auftag zu Erneuerung der Kirche, die berites seit 560 bestand. Wie eine Festung wirkt das zinnengekrönte, beinah fensterlose Bauwerk. Schön ist vor allem das Mauerwerk mit den sich überschneidenden Blendarkaden und Profilen aus roten Ziegeln, schwarzer Lava und weißem Marmor. Darüber schwingen sich zwei Kuppeln auf, die deutlich arabische Einflüsse zeigen. Das dreischiffige *Innere* mit seinen hochgereckten Arkaden auf mächtigen Säulen, den Kuppeln und dem grazilen Chorbau ist klar und atemberaubend.

Messina und der Nordosten – abenteuerliche Meerenge und geheimnisvolle Inseln

Wer mit dem Auto oder dem Zug nach Sizilien reist, kommt in **Messina** an. Eine knappe halbe Stunde nur benötigt man mit dem Tragflügelboot, das in **Reggio di Calabria** jenseits der Straße von Messina startet, eine Stunde mit der Autofähre von **Villa San Giovanni** aus. Keine 3 km trennen Sizilien von der italienischen Stiefelspitze. Kein Wunder, dass immer wieder der Bau einer Brücke in Betracht gezogen wurde. Doch ist die Meerenge von Messina voller Gefahren. Zum bekannten *Erdbebenrisiko* kommen noch *Windgeschwindigkeiten* von mehr als 100 km/h, und dort, wo **Ionisches** und **Tyrrhenisches Meer** aufeinandertreffen, ist mit Gezeitenwechsel sowie starken Strudeln zu rechnen. Dennoch wurde schon 1955 eine Vereinigung namens **Ponte di Messina** (www.pontedimessina.it) gegründet, die Vulkanologen und Ozeanologen, Meteorologen und Seismologen bestellte – die Prüfungen, ob eine Brücke den Naturgewalten standhalten könne, nahmen kein Ende. Und daran hat sich bis heute nichts geändert. Obwohl nicht nur die Machbarkeit, sondern auch der tatsächliche Nutzen eines solchen Bauwerks nach wie vor umstritten ist, soll der Startschuss für den Bau der *längsten Hängebrücke der Welt*, ein Prestigeprojekt von Regierungschef Silvio Berlusconi, noch im Dezember 2010 fallen.

41 Messina

Das ›Tor zu Sizilien‹ soll Schauplatz eines Weltklasse-Bauprojekts werden.

Oft zerstört und immer wieder aufgebaut – Messina, eine griechische Gründung aus dem 8. Jh. v. Chr., teilt dieses Schicksal mit vielen Orten an der Ostküste. Die Großstadt am **Stretto di Messina**, an der Straße von Messina, konnte ihre so reiche Vergangenheit nur teilweise und unter größten Kraftanstrengungen bewahren. Nach dem verheerenden *Erdbeben von 1908*, das die Stadt in Schutt und Asche legte und 60 000 Todesopfer forderte, war Messina gerade wieder auferstanden, da richteten die Luftangriffe des *Zweiten Weltkriegs* erneut große Zerstörungen an. Heute prägen schnurgerade Straßenzüge, großzügig angelegte Plätze und Hochhausarchitektur das Gesicht der Stadt. Und was hier alt erscheint, ist meist das Werk der akribischen und unermüdlichen Restauratoren. Zu diesen rekonstruierten Berühmtheiten gehört der normannische *Duomo Santa Maria Assunta* mit seinem verspielten Uhrturm. Aber es gibt auch einige wundersam über die rauen Zeitläufe gerettete Monumente wie die Chiesa Santissima Annunziata dei Catalani nahe beim Dom. Eine Reverenz an das Meer wiederum ist das Acquario der Stadt mit seinen flossenschlagenden Bewohnern.

Geschichte Dort, wo heute die Fährschiffe anlegen, siedelten bereits die Sikuler. Die sichelförmige Landzunge gab dem Ort den Namen *Zanklon* (Sichel). 730 v. Chr. bemächtigten sich Griechen aus Kyme in Unteritalien der Siedlung und nannten sie fortan *Zankle*.

Im Jahr 265 v. Chr. wandten sich die Bewohner an Rom und baten um Beistand gegen Karthago. Es kam zum Ersten Punischen Krieg (264–241 v. Chr.), der mit der Vertreibung der Karthager aus Sizilien endete. In der Folge gelang es den Römern, große Teile der Insel unter ihre Herrschaft zu bringen. Sizilien wurde erste Provinz des Römischen Reiches.

Messina blickt nach Italien – vorne der Dom mit dem berühmten Glockenspiel am Campanile

In den nachchristlichen Jahrhunderten konnte Messina als **Hafen-** und **Handelsstadt** stets eine gewisse Bedeutung bewahren. Mehr als die politischen Ereignisse bestimmten jedoch immer wieder Naturkatastrophen und Epidemien das Schicksal der Stadt. 1743 starben mehr als 40 000 Einwohner an der Pest. 1783 zerstörte ein Erdbeben die Barockstadt und begrub 12 000 Menschen unter den Trümmern. 1854 wütete eine Choleraepidemie, die 15 000 Menschen dahinraffte. Im 20. Jh folgten das grauen erregende Erdbeben von 1908 und die vernichtenden Luftangriffe des Zweiten Weltkrieges. Noch einmal erhob sich Messina damals wie Phönix aus der Asche. Im 21. Jh. nun präsentiert sich die mit 240 000 Einwohnern **drittgrößte** sizilianische Stadt als lebendige, hübsche Wirtschaftsmetropole.

Besichtigung Das Zentrum des mittelalterlichen Messina lag um die **Piazza del Duomo**. Hier ragt der nach dem Zweiten Weltkrieg originalgetreu wiederaufgebaute **Duomo Santa Maria Assunta** (tgl. 9.30–17 Uhr, Campanile tgl. 9.30–12 Uhr) in den Himmel. Anhand seiner wechselvollen Baugeschichte kann man sich das bewegte Schicksal Messinas vergegenwärtigen. Der Normannendom, 1150 unter *Roger II.* begonnen, 1197 unter Stauferkönig *Heinrich VI.* geweiht, brannte bereits ein halbes Jahrhundert später nieder. Es war die erste einer ganzen Reihe von Katastrophen, die bis ins 20. Jh. über die Kirche hereinbrechen sollten. Bei der Wiederherstellung war man immer um

Originale des 12. Jh. – Putten in Weinranken und Löwe am Duomo von Messina

größtmögliche Authentizität bemüht, man legte alte Pläne und Kupferstiche zugrunde und integrierte die verbliebenen originalen Bauteile. Hierzu zählen die Figuren des *Mittelportals*, die man unter den Trümmern fand und wieder zusammensetzte. Sie stammen allerdings nicht vom Ursprungsbau, sondern vom Umbau des 15./16. Jh. Aus normannischer Zeit sind einzig die Schmuckbänder im unteren Teil der Fassade erhalten.

Der Dom besitzt an der Nordflanke einen frei stehenden, 60 m hohen *Glockenturm*, der 1936 rekonstruiert wurde und die Bombardements von 1943 ohne größere Schäden überstand. Er beeindruckt durch die größte mechanische *Uhr* der Welt. Sie wurde 1933 in der Straßburger Werkstatt von *Thomas Ungerer* gefertigt. Täglich um 12 Uhr mittags spielen sich hier oben interessante Szenen ab: Ein Engel überreicht den Schutzbrief Mariens für Messina (Madonnna della Lettera). *Dina und Clarenza* lassen die Glocken klingen. Die Heroinen warnten die Stadt während der Sizilianischen Vesper, dass Karl von Anjou vor den Toren stünde.

Das *Innere* des Doms, eine dreischiffige Pfeilerbasilika von imposanten Proportionen, wird von einer offenen Sparrendecke überfangen. Zu den Glanzlichtern der Ausstattung gehören die einzigen original erhaltenen *Mosaike* (12. Jh.) in der linken Chorapsis. Sie zeigen Maria mit Kind und Heiligen. Als zweitgößtes Instrument seiner Art in Italien verdient auch die tongewaltige *Orgel* einige Beachtung.

Den Domplatz ziert die barocke **Fontana di Orione** (1553). Der Brunnen ist das Werk eines Michelangelo-Schülers namens *Giovanni Angelo Montorsoli*. Hauptakteur ist Orion, Sohn des Poseidon und legendärer Stadtgründer Messinas. Auf dem Beckenrand ruhen Personifikationen der Flüsse Nil, Tiber, Ebro sowie des Flüsschens Camaro unweit Messinas.

Wie durch ein Wunder hat die nahe gelegene **Chiesa Santissima Annunziata dei Catalani**, eine im 12. Jh. erbaute Normannenkirche, die Wirren der Zeit schadlos überstanden. Ihre auf einem hohen Zylinder aufsitzende flache *Kuppel* erinnert ebenso an byzantinische Vorbilder wie die Blendarkaden, die Kuppel, Apsis und Querhaus umlaufen. Für Musterungen im Mauerwerk setzte man roten Backstein, schwarzen Lavastein und hellen Kalkstein ein. Der Innenraum wird durch zwei Arkadenreihen mit antiken Säulen in drei Schiffe geteilt.

Auf der benachbarten Piazza erinnert das bronzene **Monumento a Don Giovanni d'Austria**, des Statthalters der Niederlande, an die Seeschlacht von Lepanto 1571. Das Denkmal wurde schon im Jahr darauf von *Andrea Calamecca* geformt.

Das **Museo Regionale di Messina** (Viale della Libertà 465, Tel. 090 36 12 92, Do–Di 9–13.30, Di, Do, Sa auch 16–18.30 Uhr) versammelt Kunst des 12.–18. Jh. Bedeutendstes Exponat ist das ›Polyptychon des hl. Gregor‹ (1473) von *Antonello da Messina*, gefertigt für das Kloster San Gregorio. Die Mitteltafel zeigt ›Maria mit Kind‹, die Seitenflügel den ›Hl. Gregor‹ und den ›Hl. Benedikt‹, oben erscheint die zweiteilige ›Verkündigung‹. Auch *Caravaggio*, der Anfang des 17. Jh. auf Sizilien weilte, ist mit

Flussgötter und Tritonen haben es sich an der Fontana di Orione bequem gemacht

Leben und Passion Christi – Gemälde des 16. Jh. im Museo Regionale di Messina

zwei Arbeiten vertreten, der ›Anbetung der Hirten‹ und der ›Auferweckung des Lazarus‹.

Wer Mitte August zu Mariä Himmelfahrt, **Ferragosto**, nach Messina kommt, erlebt die *Passeggiata dei Giganti*, ein Umzug mit riesigen bunten Gipsfiguren. Bei der *Processione della Vara* wird der Wolkenwagen mit der Madonnenstatue zum Dom gezogen und dort zwei Tage lang von Mädchen bewacht.

Trockenen Fußes kann man im **Acquario Comunale di Messina** (Villa Mazzini, Piazza Unità d'Italia, Tel. 09 04 88 97, www.acquariomessina.it, Di–Sa 9–13 und 15–19, So 9–13 Uhr) in einem Park unweit des Fährhafens die Wasserwelt Siziliens erkunden. In 22 Acquarien tummeln sich 60 Fischarten des Mittelmeers.

Ausflug

Von Messina aus bietet sich ein Abstecher zum Festland nach **Reggio di Calabria** an. Die Überfahrt mit dem Tragflügelboot dauert etwa 30 Min. Oberhalb des Hafens von Reggio birgt das **Museo Nazionale** (Piazza di Nava 26, Tel. 09 65 81 22 55, www.museonazionalerc.it, wegen Restaurierung bis voraussichtlich März 2011 geschl.) qualitätvolle Exponate von der Frühgeschichte bis zur Römerzeit. Die Stars der Schau sind die *Bronzi di Riace*, zwei überlebensgroße griechische Bronzestatuen aus dem 5. Jh. v. Chr., die 1972 vor der Küste entdeckt wurden. Die beiden Krieger zählen zu den wenigen erhaltenen griechischen Bronzen, denn die meisten wurden von den Römern, nachdem sie sie in Marmor kopiert hatten, eingeschmolzen. Andere lagen jahrhundertelang auf dem Grund des Meeres, so wie die beiden kampfbereiten Recken hier. Man hatte sie wohl per Schiff an einen neuen Bestimmungsort bringen wollen, doch das Boot sank mit der kostbaren Fracht, und so erfreuen heute die muskulösen, ob der eigenen Schönheit völlig gelassen, stolz und entrückt posierenden Heroen die ehrfurchtsvollen Augen der Nachwelt.

Stolz, mutig und schön – zwei Krieger des 5. Jh. v. Chr. im Museo Nazionale von Reggio

Milazzo, der Fährhafen zu den Isole Eolie, mit dem gewaltigen Castello und dem Duomo Antico

Praktische Hinweise

Information

Servizio Turistico Regionale, Piazza Cairoli 45, Messina, Tel. 09 02 93 52 92, www.comune.messina.it

Schiff

Porto di Messina, Hafenamt, Corso Vittorio Emanuele II 27, Messina, Tel. 090 67 99 91, www.porto.messina.it

Aliscafi, Tragflügelboote, nach *Reggio di Calabria*, tgl. 6– 20 Uhr alle 30 Min., Okt.–Mai nur vormittags. Fahrtdauer knapp 30 Min. Nach *Lipari* im Sommer 6, sont 3 Mal tgl., Fahrtdauer ca. 90 Min.

Ustica Lines, Anlegestelle Via Vittorio Emanuele II, Tel. 090 36 40 44, www.usticalines.it. Aliscafi nach Reggio di Calabria und zu den Isole Eolie.

Stazione Marittima, nahe Hbf., Tel. 090 67 97 95. Auto- und Zugfähren nach Villa San Giovanni (10 km nördlich von Reggio), alle 30 Min., Fahrtdauer ca. 1 Std.

Caronte, Anlegestelle Rada San Francesco, Viale della Libertà, Tel. 09 05 72 65 04, www.carontetourist.it. Autofähren nach Villa San Giovanni.

Hotels

********Jolly dello Stretto Palace Hotel**, Via Garibaldi 126, Messina, Tel. 090 36 38 60, www.medeahotels.com. Komfortables Hotel in Bahnhofsnähe, etwas laut.

*****Villa Morgana**, Via Consolare Pompea 1965, Messina, Tel. 090 32 55 75, www.villamorgana.it. Hotel mit 15 hübschen Zimmern, mit Garten und Pool.

****L'Eremo**, Larderia Inferiore, Tel. 090 73 00 85, www.agrieremo.it. Schön wohnen in einem Kloster 7 km südlich von Messina. Reitmöglichkeit.

Restaurants

Al Padrino, Via Santa Cecilia 54–56, Messina, Tel. 09 02 92 10 00. Einfaches Lokal mit authentischer sizilianischer Küche.

Le Due Sorelle, Piazza Municipio 4, Messina, Tel. 09 04 47 20. Kleines Gourmetrestaurant mit exzellentem Fisch und Wein (nur abends geöffnet).

42 Milazzo

Startpunkt zu den Isole Eolie.

Der Hafen von Milazzo ist Ausgangspunkt für Reisen in die wildromantische Inselwelt der *Isole Eolie* mit ihren schwefeligen, Feuer speienden Vulkanen. Doch bevor man mit der Fähre ablegt, sollte man einen Gang durch die **Altstadt** machen. Sie lädt mit ihren hübschen Gassen zu einem Bummel ein. Bedeutendstes Bauwerk ist das unter *Friedrich II.* vollendete **Castello di Milazzo** (Di–So 10–12 und 15–17 Uhr) hoch über der Stadt.

Plan vordere Umschlagklappe

Praktische Hinweise

Schiff

Siremar, Tel. 89 21 23 (in Italien), Tel. 00 39/02 26 30 28 03 (aus dem Ausland), www.siremar.it

Ustica Lines, Tel. 090 36 40 44, www.usticalines.it

Nach Lipari und Vulcano legen mehrmals tgl. zwischen 6.30 und 18.30 Uhr Fähren und Aliscafi ab, zu den anderen Inseln zwischen 14.30 und 15 Uhr.

43 Isole Eolie

Sieben kleine, faszinierende vulkanische Inseln im Tyrrhenischen Meer – Urlaubsparadiese für Wassersportler.

Die Isole Eolie oder Isole Lipari liegen nordwestlich von Milazzo im Tyrrhenischen Meer. Gemäß der griechischen Mythologie waren die Inseln Sitz des Gottes der Winde, **Aiolos**, der auch den herumirrenden Odysseus bei sich aufnahm. Die sieben landschaftlich überaus reizvollen Inseln sind vulkanischen Ursprungs, bis auf Vulcano und Stromboli sind die Feuer speienden Berge jedoch nicht mehr aktiv. Allerorten kann man herrlich wandern, entspannen und die vielfachen Aussichten genießen. Die Gewässer rund um die Äolischen Inseln bieten dank ihrer kristallklaren Beschaffenheit zahlreiche Wassersportmöglichkeiten. In den Monaten Juli und August kann es übrigens, besonders auf Lipari, etwas voll werden.

Lipari

Mit 37,6 km^2 ist Lipari die größte der Isole Eolie, zugleich ist sie nach Stromboli wohl die bekannteste. Krone des Hauptortes **Lipari** (8000 Einw.) ist der von Mauern umgebene Burgberg mit den Resten eines spanischen *Kastells* aus dem 16. Jh., der barocken *Cattedrale* und dem **Museo Archeologico Regionale Eoliano** (Tel. 09 09 88 01 74, Mo–Sa 9–13.30 und 15–18.30, So/Fei 9–13.30 Uhr). Es birgt Exponate aus griechischer und römischer Zeit, u. a. eine Vasensammlung. Der Burgberg teilt die Bucht in zwei Hälften und zwei Häfen, *Marina Lunga* und *Marina Corta*.

Die Insel lebt heute überwiegend vom Tourismus. Entsprechend gut ausgebaut ist die Infrastruktur. In den Sommermonaten legen Fähren und Tragflügelboote mit Hunderten von Besuchern an. Daher ist es sinnvoll, frühzeitig ein Zimmer zu reservieren, falls man hier übernachten möchte. Die hügelige, überwiegend aus Lavastein bestehende Insel bietet zahlreiche Wandermöglichkeiten. Ihre höchste Erhebung ist der 602 m hohe *Monte Chirica*. Badegelegenheiten findet man in einigen teilweise entlegenen Buchten. Und das hier bis zu 3000 m tiefe Meer verfügt über fantastische Tauchgründe.

Warentransportsystem der Antike – griechische Amphoren im Museo Archeologico

Bunt gewürfelt – die Marina Corta von Lipari mit Booten und Blick auf den Burgberg

Schwefelgelb vor Blau – der Gran Cratere von Vulcano begeistert mit scharfen Farbkontrasten

Eine Umrundung der Insel auf dem Landweg ist per Taxi oder Kleinbus (ab 6 Pers., Preise vorher aushandeln) möglich. Auch mit Vespa, Mofa oder Auto, die am nördlichen Ende des Corso Vittorio Emanuele und an der Marina Lunga zu mieten sind, kann man zur Erkundung aufbrechen. Und Bootstouren rund um Lipari starten an der Marina Corta.

Vulcano

Auf der Nachbarinsel Vulcano (21,2 km^2) erreignete sich der letzte größere Vulkanausbruch Ende des 19. Jh. Doch noch heute brodelt und dampft auf der Insel unablässig, und es liegt ein permanenter *Schwefelgeruch* in der Luft. Vulkanologen warnen davor, dass der **Gran Cratere** (391 m) jederzeit wieder ausbrechen könne. Doch das erschüttert hier scheinbar niemanden. Immer mehr Hotels und Restaurants wurden errichtet, denn die Touristen kommen zahlreich, angezogen von den schwefelhaltigen Schlammtümpeln und heißen Quellen im Meer, dem schwarzen Sandstrand von **Porto di Ponente** und der Möglichkeit, den unheimlichen Vulkan selbst zu besteigen.

Schlammbad – die schwefelhaltigen Tümpel auf Vulcano sind eine echte Schau

Salina

Das grüne und fruchtbare Salina ist mit 26,8 km^2 die zweitgrößte der Äolischen Inseln. Ihre Zwillingsberge, der 860 m hohe **Monte dei Porsi** und der 962 m hohe **Monte Fossa delle Felci**, beide vulkanischen Ursprungs, sind erloschen.

Die Küste von Salina fällt auf allen Seiten steil zur Küste ab, und es gibt nur wenige Strände. Daher blieb die Insel bislang vom Tourismus weitgehend unberührt. Wer gerne wandert, findet hier jedoch hervorragende Möglichkeiten. Die Bewohner leben überwiegend von der Landwirtschaft. Salina ist vor allem als Hauptanbaugebiet des angeblich bereits von Caesar so sehr geschätzten Weins namens *Malvasia* bekannt.

Filicudi

20 km vor Salina liegt das 9,5 km^2 kleine Filicudi. Die Insel bietet beste Voraussetzungen zum Wandern und Tauchen. Es gibt nur einige wenige einfache Unterkünfte, und demgemäß ist Filicudi Ziel jener Urlauber, die Ruhe und Abgeschiedenheit vorziehen

Im Süden der Insel, auf der Landzunge **Capo Graziano**, kann man die Reste einer Siedlung und einer Nekropole aus der Bronzezeit besichtigen.

Alicudi

Auf Alicudi scheint die Zeit stehen geblieben zu sein. Die etwa 130 Einwohner leben zurückgezogen auf 5,2 km^2. Strom gibt es erst seit 1990, Straßen und Autos sieht man hier nicht. Was zu befördern ist, wird per Maultier transportiert. Zweimal die Woche kommt ein Linienschiff vorbei und bringt alles Notwendige, und hin und wieder auch Feriengäste.

Panarea

Panarea, die mit einer Größe von nur 3,4 km^2 kleinste der Isole Eolie, ist heute Sommerfrische vermögender Italiener vom Festland. Kein Wunder also, dass die Ortschaft **San Pietro** viele Villen und Ferienhäuser aufweist. Wunderschön ist der Blick von **Punta Milazzese** über Panarea. Zugleich kann man hier Ausgrabungen mit den Resten eines urtümlichen Dorfes aus der Bronzezeit studieren.

Stromboli

Stromboli, die entlegenste der Äolischen Inseln, ist zugleich die bekannteste, und das hat sie ihrem hyperaktiven Vulkan **Stromboli** (924 m) zu verdanken, der unermüdlich glühende Lava ins Meer rauschen lässt. Eine besondere Attraktion ist die Besteigung des Feuer speienden Berges. Jedoch sollte die Tour zum Gipfel nicht ohne Führer unternommen werden, da die Krater bisweilen in ungeahnter Stärke Lava emporschleudern.

Da die 12,6 km^2 große Insel Stromboli im Juli und August meist restlos ausgebucht ist, sollte man Zimmer unbedingt frühzeitig reservieren.

Praktische Hinweise

Information

AAST, Corso Vittorio Emanuele 202, Lipari, Tel. 09 09 88 00 95, www.portaledelleeolie.it

AAST, Porto di Levante, Vulcano, Tel. 09 09 85 20 28

Schiff

Siremar, Tel. 89 21 23 (in Italien), Tel. 00 39/02 26 30 28 03 (aus dem Ausland), www.siremar.it

In der Schmiede des Vulkan wird noch gewerkelt – überirdisch schöne Szenerie am Stromboli

Ustica Lines, Tel. 090 36 40 44, www.usticalines.it

Im Sommer gibt es Aliscafi und Fähren zwischen den Inseln, von/nach Sizilien (Milazzo, Messina, Cefalù, Palermo) sowie Reggio di Calabria und Neapel.

Hotels

****La Sirenetta Park Hotel**, Via Marina 33, Ficogrande, Stromboli, Tel. 090 98 60 25, www.lasirenetta.it. Komfortabel eingerichtete Bungalows mit Pool.

****Les Sables Noirs**, Porto di Ponente, Vulcano, Tel. 090 98 50, www.framon hotels.com. Luxushotel mit Privatstrand.

****Signum**, Via Scalo 15, Malfa, Salina, Tel. 09 09 84 42 22, www.hotelsignum.it. Stilvolle Anlage in den Weingärten.

****Villa Meligunis**, Via Marte 7, Lipari, Tel. 09 09 81 24 26, www.villameligunis.it. Wohnen in stilvollem Palazzo des 18. Jh.

***Cincotta**, südlich des Hafens, Panarea, Tel. 090 98 30 14, www.hotelcincotta.it. Nette Bungalows mit Pool.

***Miramare**, Via Vito Nunziante 3, Ficogrande, Stromboli, Tel. 090 98 60 47, www.miramarestromboli. Angenehme Hotelanlage direkt am Strand.

***Phenicusa**, Via Porto, Filicudi, Tel. 09 09 88 99 46, www.hotelphenicusa.com. Die beste Wahl auf Filicudi.

***Villa Augustus**, Vico Ausonia 16, Lipari, Tel. 09 09 81 12 32, www.villa augustus.it. Hübsches Stadthotel mit begrüntem Innenhof.

Faraglione, Via Porto di Levante, Vulcano, Tel. 09 09 85 20 54, www.hotel faraglione.com. Einfaches Haus direkt am Hafen. Etwas unangenehm ist der penetrante Schwefelgeruch.

***Ericusa**, Loc. Perciato, Alicudi, Tel. 09 09 88 99 02, www.alicudihotel.it. Das einzige Hotel der Insel bietet adrette Zimmer und herrlichen Meerblick.

Restaurant

TOP TIPP **Filippino**, Piazza Municipio, Lipari, Tel. 09 09 81 10 02, www.filippino.it. Das alteingesessene Gourmetrestaurant bietet eine reiche Auswahl an Speisen, vornehmlich frischen Fisch.

Von Goethes Qualen

Manches vernichtende Urteil, das der berühmteste Italienreisende Johann Wolfgang von Goethe im Frühjahr 1787 über Städte und Kunstwerke Siziliens fällte, wäre höchstwahrscheinlich milder ausgefallen, wenn der Dichter in einem klimatisierten Reisebus – begleitet von stimmungsvollen Operneinlagen – durch die sizilianische Landschaft kutschiert worden wäre. Wie oft mussten Goethe und seine Gefährten sich nach beschwerlicher Tagesreise erst eine primitive Bettstatt aus Holzplanken und Strohsäcken zusammensuchen. Zuweilen saß der Dichter hungrig in einer dunklen Kammer und versuchte, für die Daheimgebliebenen geistreiche Schilderungen niederzuschreiben.

Diese Qualen gehören der Vergangenheit an – doch mit ihnen werden auch viele besinnliche, genussvolle und abenteuerliche Begegnungen zu Legenden, deretwegen sich Goethes ›Italienische Reise‹ als vergnügliche Begleitlektüre empfiehlt.

44 Tindari

Das antike Tyndaris und das Heiligtum der Madonna Nera.

Zwischen Milazzo und Cefalù liegt der schönste und interessanteste Abschnitt der sizilianischen Nordküste. Eine abwechslungsreiche Landschaft und kleine Badeorte bieten viel Erholung.

Die kunsthistorisch bedeutsamste Ortschaft auf der Strecke ist Tindari. Der *Felsen* von Tindari, heute von der Küstenstraße untertunnelt, war bereits in frühester Zeit besiedelt. Das antike *Tyndaris* war eine der letzten griechischen Stadtgründungen auf Sizilien. *Dionysios I.* von Syrakus eroberte den Felsen 396 v. Chr. und sicherte ihn als militärischen Vorposten gegen die immer weiter nach Osten vordringenden Karthager. 254 v. Chr. brach für die Bewohner der Stadt dann das römische Zeitalter an.

Eine Straße schlängelt sich hinauf zum Gipfel des 270 m hohen Kalksteinfelsens. An einer gut erhaltenen antiken Stadtmauer vorbei gelangt man zum Eingang des **Parco Archeologico** (Tel. 09 41 36 90 23, tgl. 9 Uhr bis 1 Std. vor Sonnenuntergang). Imposantestes Bauwerk ist hier das **Teatro Greco** aus dem 4. Jh. v. Chr., das in einen Hang hineingearbeitet wurde. An klaren Tagen bietet sich von den oberen Stufen eine Fernsicht bis zu den Inseln Vulcano und Lipari. Das griechische The-

Die Wallfahrtskirche Santuario della Madonna Nera thront über dem Mare secco bei Tindari

ater ist, wie so viele andere auch, in römischer Zeit umgestaltet worden, zur Arena für Zirkusspiele und Gladiatorenkämpfe.

Von der **Basilica**, einer großen Halle und Versammlungsstätte, die wohl zum Forum gehörte, stehen noch Teile der Fassade aufrecht. Das Bauwerk stammt aus dem 1. Jh. v. Chr. und besaß fünf mächtige Torbögen. Bei den Ausgrabungen stieß man außerdem auf Atriumshäuser mit schönen Fußbodenmosaiken.

Die meisten italienischen Besucher lockt jedoch nicht so sehr das antike Tyndaris, sondern das TOP TIPP **Santuario della Madonna Nera** (www.santuariotindari.it, Mo–Sa 6.45–12.30 und 14.30–19, So/Fei 6.45–12.45 und 14.30–20 Uhr), das Heiligtum der *Schwarzen Madonna*, das sich am höchsten Punkt des Felsens erhebt. In der erst 1975 vollendeten monströsen Kirche wird eine kostbare byzantinische *Marienfigur* aufbewahrt. Vor dem Santuario bieten Händler kleine schwarze Gipsmadonnen an.

Einzelheiten über die Herkunft der ›Madonna mit Kind‹ sind nicht bekannt. Die Legende besagt, dass das Bildwerk zur Zeit des byzantinischen Bildersturms per Schiff von Konstantinopel nach Sizilien floh. Das wäre kein Einzelfall, denn so manche berühmte Ikone fand damals ihren Weg nach Italien. Der Statue werden viele Wundertaten nachgesagt. Eine Bäuerin war einst mit ihrem Kind von weither angereist, um die Gottesmutter anzubeten, war jedoch beim Anblick der Schwarzen Madonna schwer enttäuscht. Diese indes antwortete mit dem Vers aus dem *Hohelied Salomos*: »Niger sum, sed formosa« (Schwarz bin ich, aber schön), der nun auch unterhalb der Statue zu lesen ist. Noch am selben Tag rutschte das Kind der Bäuerin beim Klettern vom Felsen und drohte ins Meer zu stürzen. Da zogen die Fluten sich zurück und gaben Dünen frei. Das Kind blieb unverletzt, das Wunder war perfekt.

Die Einheimischen nennen das Meer an dieser Stelle aufgrund der Sandbänke **Mare secco**, trockenes Meer. Der schönste Blick auf diesen Küstenabschnitt eröffnet sich vom Felsen, der steil in das türkisfarbene Meer stürzt. Besonderer Rummel herrscht in Tindari alljährlich zum 8. September, wenn aus Anlass des *Patronatsfestes* Pilger aus ganz Italien anreisen.

i Praktische Hinweise

Hotel

***__Villa Luca__, Contrada Luca, Sant'Agata Militello, 40 km westlich von Tindari, Tel. 0941702394, www.aziendagrituristicavillaluca.it. Hübscher Agriturismo.

Cefalù und die Madonie – Dickkopf, Strände und einsame Bergregionen

Die Stadt **Cefalù** ist wie für den Urlaub geschaffen: hübsche **Sandstrände** vor bizarrer Felskulisse und eine pittoreske Altstadt mit Normannendom. Im Hinterland erheben sich die majestätischen **Madonie** mit ihren steilen Hängen, ihren Buchen- und Eichenwäldern im Norden und kahlen Tälern im Süden. Ein 77000 ha großes Areal ist als *Naturschutzgebiet* ausgewiesen. Der 1979 m hohe **Pizzo Carbonara** ist nach dem Ätna der zweithöchste Berg Siziliens. Außerdem gibt es kleine Ferienorte wie Piano Zucchi und Piano Battaglia mit Hotels und Ferienhäusern. Wanderungen, Trekking-Exkursionen, Mountain-Bike-Touren und Reitausflüge werden angeboten, im Winter kann man sogar Ski fahren.

45 Cefalù

Bildschöne Stadt mit beeindruckender Landschaftskulisse und dem ersten großen Dom Rogers II.

Dank seiner herrlichen Lage, direkt am Meer und zu Füßen eines mächtigen Kalksteinfelsens, zählt Cefalù zu den beliebtesten Reisezielen Siziliens. In den Cafés an der *Piazza del Duomo* genießen – zumindest in den Sommermonaten – vorwiegend ausländische Gäste die angenehme Atmosphäre. Cefalù punktet zudem mit seinem herrlichen Sandstrand, der sich westlich der Altstadt über mehrere Kilometer hinzieht.

Als man hier statt italienisch noch griechisch sprach, hieß das Städtchen **Kephaloidion** (Kephale = Kopf), ganz offensichtlich, weil der Fels des gewaltigen Vorgebirges die Stadtgründer an einen Löwenkopf erinnerte. Im Jahr 396 v. Chr. wurde der Ort erstmals urkundlich erwähnt, als seine Bewohner ein Bündnis mit den Karthagern schlossen. 254 v. Chr. eroberten die Römer Kephaloidion, 395 n. Chr. die Byzantiner, 858 die Araber. Doch erst unter normannischer Herrschaft, als *Roger II.* einen Dom errichten ließ, blühte Cefalù auf. Und diese imposante Kirche trägt auch heute noch zur Bedeutung des Küstenortes bei.

Beglückende Schönheit – Cefalù mit seinem Dom und dem beschwingten Felsprofil ▷

Laut Legende erfüllte Roger II. mit der Errichtung des Doms ein Gelübde. Als er auf hoher See in einen heftigen Sturm geriet und zu ertrinken drohte, versprach er, an dem Ort, an dem er das rettende Ufer erreichen sollte, ein Gotteshaus zu errichten. Er kam in Cefalù an Land, wo 1131 mit

Gewaltiges Raumgefüge – Blick vom Langhaus in den mosaikverzierten Chor des Duomo

dem Bau des **Duomo San Salvatore** (Dom tgl. 8–19 Uhr, Kreuzgang tgl. 10–13 und 15–18 Uhr) begonnen wurde. Über einer Freitreppe mit Vorplatz erhebt sich der gewaltige Baukörper mit den beiden stolzen Türmen und dem dreibogigen *Portikus*, der aus einem späteren Umbau datiert.

Das *Innere* der dreischiffigen Basilika beeindruckt schon durch seine großzügigen Proportionen und lichte Weite. Die monumentalen *Säulen* des Langhauses sind antiken Ursprungs und besitzen römische und byzantinische Kapitelle. Der Chorbereich ist mit goldgrundigen **Mo-**

saiken ausgestaltet, die von byzantinischen Künstlern ausgeführt wurden. In der Chorapsis erscheint der segnende *Christus Pantokrator* und blickt streng auf die Gläubigen herab. »Ich bin das Licht der Welt« verkünden der griechische und der lateinische Text in seinem aufgeschlagenen Buch. Die kleiner dargestellte *Muttergottes* wendet sich ebenfalls dem Betrachter zu, ist aber weniger eindringlich gezeichnet. Sanft und nachsichtig blicken auch die Engel und Apostel, welche den himmlischen Hofstaat bilden.

Höhenstraßen

Die SS 120 oder *Strada dell' Etna e delle Madonie* führt durch die imponierende Bergwelt der **Madonie** (www.parcodellemadonie.it) und der **Nebrodi** (www.parcodeinebrodi.it). Inmitten von Buchen- und Kastanienwäldern liegen die höchsten und einige der schönsten Orte Siziliens. Sogar im Hochsommer kann es auf über 1500 m Höhe kühl sein, im Winter sollte man hier nicht ohne Schneeketten fahren.

Wie ein Balkon liegt das hübsche **Polizzi Generosa** im Hügelland. Seine *Chiesa Madre* birgt ein Marien-Triptychon von Rogier van der Weyden. Zugleich bietet sich Polizzi als Startpunkt für ausgedehnte Wanderungen an.

Griechische Kolonisten sollen im Süden auf 1000 m Höhe die beiden Bergdörfer **Petralia Soprana** und **Petralia Sottana** angelegt haben. In der *Chiesa della Trinità* von Sottana steht eines der größten Altarretabel Siziliens. Am Wochenende kommen viele Palermitaner nach Petralia. Sie wandern, genießen die Ruhe und die schönsten Ausblicke auf Enna und den Ätna.

Die Höhlenwohnungen von **Sperlinga** sind beliebte Sehenswürdigkeiten. Das in Pinienhaine gebettete **Nicosia** beeindruckt mit seiner *Cattedrale di San Nicola di Bari* (14. Jh.). Am Barockbrunnen *Granfonte* von **Leonforte** versammeln sich noch immer abends die Bewohner zum Schwatz.

In den **Nebrodi** werden Pferde, Schafe, Ziegen und Kühe gehalten. **Troina** wirkt noch ganz mittelalterlich. Von hier aus eroberte Roger I. ganz Sizilien. Über **Randazzo** fährt man direkt auf den Ätna zu. Auch vom höchsten Ort, **Floresta** auf 1275 m, kann man herrlich wandern – und weit sehen.

Einen Blick lohnt auch der kürzlich restaurierte *Kreuzgang* des Doms mit seinen schönen Doppelsäulen.

Gegenüber der Kirche führt die Via Mandralisca zum **Museo Mandralisca** (Tel. 09 21 42 15 47, www.museomandralisca.it, Juni–Sept. tgl. 9–19, Okt.–März tgl. 9–13 und 15–19 Uhr). Das winzige Museum verdankt seine Existenz einem Kunstliebhaber, der seine Gemälde, Vasen und Münzen der Stadt vermachte. Glanzstück ist das ›Bildnis eines Unbekannten‹ (um 1465) von *Antonello da Messina*.

Am **Corso Ruggero**, der Flanierstraße Cefalùs, steht der Palast Rogers II., **Osterio Magno** (Nr. 75). Der Palazzo wird heute für Sonderausstellungen und Kulturevents genutzt. Vom Corso geht es weiter durch enge verwinkelte Gassen. In der *Via Vittorio Emanuele* verweist ein Schild auf eine Treppe, die hinunter zum **Lavatoio** führt, einem arabischen Waschplatz mit Steinbecken und Wasserrinnen. Bis weit ins 20. Jh. hinein wurde hier noch täglich Wäsche gewaschen.

Am östlichen Ende des Corso Ruggero führt rechter Hand der *Vicolo Saraceni* hinauf auf den Felsen, die **Rocca di Cefalù**. Auf 270 m Höhe steht hier die Ruine jener Burg, in der Karl von Anjou 1284 während der ›Sizilianischen Vesper‹ gefangen gehalten wurde. Ein Stück weiter liegen die Reste eines vorgriechischen Heiligtums. Doch die eigentliche Attraktion des Felsens ist der herrliche Ausblick auf den Dom, die Altstadt und den Strand von Cefalù.

Etwa 20 km entfernt liegt auf 800 m Höhe die Wallfahrtskirche **Santuario di Gibilmanna** (tgl. 9–13 und 15–18 Uhr). Sie ist über eine schöne Panoramastraße zu erreichen. Die Fassade der Kirche wurde ganz offensichtlich jener des Doms von Cefalù nachempfunden.

i Praktische Hinweise

Information

AAST, Corso Ruggero 77, Cefalù, Tel. 09 21 42 10 50, www.comune.cefalu.pa.it

Sicilian Realty, Via Matteotti 20, Cefalù, Tel. 09 21 42 23 54, www.cefalu.it. Hier erhält man Auskünfte über Agriturismo und Fahrten in die Madonie sowie Kartenmaterial.

Schiff

Aliscafi, Tragflügelboote, zu den Isole Eolie legen von Juni bis Sept. dreimal pro Woche ab.

Hotels

***Baia del Capitano**, Contrada Mazzaforno, 5 km Richtung Palermo, Cefalù, Tel. 09 21 42 00 03, www.baiadelcapitano.it. Komfortables Hotel mit 52 Zimmern, nicht weit vom Strand entfernt, mit Garten und Schwimmbad.

***Riva del Sole**, Via Lungomare 25, Cefalù, Tel. 09 21 42 12 30, www.rivadelsole.com. Ein Betonkasten in Altstadtnähe. Das Innere ist jedoch freundlicher, als die Fassade vermuten lässt.

Restaurants

La Galleria, Via Mandralisca 23, Cefalù, Tel. 09 21 42 02 11, www.lagalleriacefalu.it. Restaurant, Café, Galerie und Buchladen zugleich. Hervorragende mediterrane Küche in modernem Ambiente. Mit schönem Garten (Do geschl.).

Osteria La Botte, Via Veterani 6, Cefalù, Tel. 09 21 42 43 15. Kleines Lokal mit feinen Fischspezialitäten (Mo geschl.).

Ristorante Trappitu, Via Carlo Ortolani di Bordonaro 96, Cefalù, Tel. 09 21 92 19 72. Unter einem Steingewölbe werden verführerische Antipasti und fangfrischer Fisch serviert.

46 Petralia Soprana

Das höchstgelegene Dorf bietet weite Ausblicke über die Madonie.

Das höchstgelegene Dorf der Madonie (1147 m), einst arabischer Militärstützpunkt, hat sein mittelalterliches Antlitz bis in die heutige Zeit bewahrt. Besonders lohnt der Besuch am ersten Sonntag nach dem 15. August. Dann wird **Revocazione** gefeiert, ein Fest, bei dem alte bäuerliche Bräuche wieder aufleben. Verlobte und deren Eltern traben hoch zu Ross durch die Straßen. Sie tragen Stangen mit Weizengarben zu Ehren von *Demeter*, der Göttin der Erde und der Fruchtbarkeit.

Adrettes Stadtgefüge – Petralia Soprana liegt hoch oben im Bergland der Madonie

47 Sperlinga

Wohnen in Höhlen.

Zwischen den *Madonie* und den benachbarten *Nebrodi* klammert sich das Städtchen Sperlinga auf 750 m Höhe an den steilen Felsen, den ein zinnenbekränztes Normannenkastell krönt.

Der Ort war bereits in vorgeschichtlicher Zeit besiedelt. Hunderte von **Gräbern**, die in den Fels geschlagen wurden, nutzten Menschen in späteren Jahrhunderten als Wohnungen. Als das Wohnen in den Höhlen verboten wurde, setzten die Bewohner kurzerhand traditionelle Häuserfassaden vor die Eingänge.

Auf steilen ausgetretenen Stufen kann man zum **Normannenkastell** hinaufsteigen. Sein Portal trägt die Inschrift »Quod Siculis placuit, sola Sperlinga negavit« (Was Sizilien beschloss, dem widersetzte sich nur Sperlinga). Sie erinnert daran, dass die Bewohner sich nicht nur weigerten, an der ›Sizilianischen Vesper‹ teilzunehmen, sondern sogar französischen Flüchtlingen Zuflucht gewährten.

Sizilien aktuell A bis Z

Vor Reiseantritt

ADAC Info-Service:
Tel. 018 05/10 11 12 (0,14 €/Min.)

Unter dieser Telefonnummer können ADAC-Mitglieder kostenloses Informations- und Kartenmaterial zu Sizilien anfordern. Im ADAC-Verlag ist zudem das ADAC-Reisemagazin Sizilien erschienen.

ADAC Info-Service zur Badewasserqualität im Mittelmeer (Juni–Aug.):
Tel. 018 05/23 22 21 (0,14 €/Min.)

ADAC im Internet:
www.adac.de
www.adac.de/reisefuehrer

Sizilien im Internet:
www.regione.sicilia.it/turismo
www.comuni-italiani.it
www.parks.it/regionesicilia
www.italien-inseln.de

ENIT – Ente Nazionale Italiana per il Turismo (Italienische Zentrale für Tourismus):
www.enit-italia.de
www.enit.at
www.enit.ch

Deutschland
Barckhausstr. 10, 60325 Frankfurt/Main, Tel. 069/23 74 34, frankfurt@enit.it

Prinzregentenstr. 22, 80538 München, Tel. 089/53 13 17, muenchen@enit.it

Österreich
Kärntnerring 4, 1010 Wien, Tel. 01/505 16 39, vienna@enit.it

Schweiz
Uraniastr. 32, 8001 Zürich, Tel. 04 34 66 40 40, zurich@enit.it

Prospekte können bei der ENIT telefonisch bestellt werden, sie stehen aber auch als Downloads zur Verfügung.

Allgemeine Informationen

Reisedokumente

Reisepass oder Personalausweis, für Kinder auch Kinderreisepass, Kinderausweis oder Eintrag im Elternpass.

Kfz-Papiere

Führerschein und Zulassungsbescheinigung Teil 1 (vormals Fahrzeugschein) sind mitzuführen. Die Mitnahme der Internationalen Grünen Versicherungskarte wird empfohlen.

Krankenversicherung

Die in die gesetzliche Versicherungskarte integrierte Europäische Krankenversicherungskarte wird in ganz EU-Europa anerkannt und garantiert die medizinische Versorgung. Zusätzlich empfiehlt sich der Abschluss einer Reisekranken- und Rückholversicherung.

Hund und Katze

Für Hunde und Katzen ist bei Reisen innerhalb der EU ein gültiger, vom Tierarzt ausgestellter EU-Heimtierausweis mit dem amtlichen Nachweis einer Tollwutimpfung vorgeschrieben, ebenso die Kennzeichnung durch Mikrochip oder – bis 2011 – Tätowierung. Für Hunde sind Leine und Maulkorb mitzuführen.

Zollbestimmungen

Reisebedarf für den persönlichen Gebrauch obliegt innerhalb der EU keinen Beschränkungen und darf abgabenfrei eingeführt werden. Richtmengen für den Privatreisenden: 800 Zigaretten, 400 Zigarillos, 200 Zigarren, 1 kg Tabak, 10 l Spirituosen, 20 l Spirituosen mit bis zu 22% Alkoholgehalt, 90 l Wein (davon maximal 60 l Schaumwein), 110 l Bier.

Für Reisende aus Nicht-EU-Ländern (Schweiz) gelten folgende Obergrenzen: 200 Zigaretten oder 100 Zigarillos oder 50 Zigarren, 1 l Spirituosen mit einem Alkoholgehalt von mehr als 22 % oder 2 l Spirituosen mit bis zu 22 % Alkoholgehalt, 50 ml Parfüm, 250 ml Eau de Toilette, 500 g Kaffee und 100 g Tee.

Geld

Die gängigen Kreditkarten werden in Banken, Hotels und zahlreichen Geschäften akzeptiert. An zahlreichen EC-/Maestro-Geldautomaten kann man rund um die Uhr Geld abheben.

Tourismusämter im Land

Assessorato Regionale al Turismo (AAT), Via Emanuele Notarbatolo 9, Palermo, Tel. 09 17 07 82 30, www.regione.sicilia.it/turismo

Es gibt außerdem Tourismusbüros der **AAST** (Azienda Autonoma di Soggiorno e Turismo), der **AAPIT** (Azienda Autonoma Provenciale per l'Incremento Turistico) oder **APT** (Azienda di Promozione Turistica). Die Adressen sind unter *Praktische Hinweise* im Haupttext aufgeführt.

Notrufnummern

Notruf: Tel. 112 (EU-weit, auch mobil: Polizei, Unfallrettung, Feuerwehr)

Pannenhilfe (Soccorso Stradale) des **Automobil-Club d'Italia (ACI):** Tel. 80 31 16, 800 11 68 00 (rund um die Uhr, mehrsprachig), www.aci.it. Man beachte die gelben Notrufsäulen an den Autobahnen (ca. alle 2 km).

ADAC-Notrufstation Monza:
Tel. 03 92 10 41 (rund um die Uhr)

ADAC-Notrufzentrale München:
Tel. 00 49/89/22 22 22 (rund um die Uhr)

ADAC-Ambulanzdienst München:
Tel. 00 49/89/76 76 76 (rund um die Uhr)

ÖAMTC Schutzbrief-Nothilfe:
Tel. 00 43/(0)1/251 20 00, www.oeamtc.at

TCS Zentrale Hilfsstelle:
Tel. 00 41/(0)224 17 22 20, www.tcs.

Bei Unfällen mit Sachschaden ist es dringend erforderlich, Versicherung und Versicherungsnummer des Unfallgegners zu notieren. Bei Personenschaden muss die Polizei verständigt werden. Bei Autodiebstahl wende man sich an die nächste Polizeidienststelle (Infos beim ACI).

Diplomatische Vertretungen

Deutsches Honorarkonsulat, Via San Sebastiano 13, Messina, Tel. 090 67 17 80, honkonsulmessina@yahoo.it

Österreichisches Honorarkonsulat, Via Leonardo da Vinci 145, Palermo, Tel. 09 16 82 56 96, consolatoaustria.pa@hotmail.it

Schweizer Honorarkonsulat, Viale Alcide de Gasperi 151, Catania, Tel. 095 38 69 19, catania@honorarvertretung.ch

Besondere Verkehrsbestimmungen

Tempolimits (in km/h): Für Pkw, Motorräder, Wohnmobile bis 3,5 t gilt innerorts 50, außerorts 90, auf Schnellstraßen 110 (bei Regen und für Fahranfänger 90) und auf Autobahnen 130 (bei Regen 110, Fahranfänger 100). Für Wohnmobile über 3,5 t gilt außerorts und auf Schnellstraßen 80, auf Autobahnen 100. Pkw mit Anhänger dürfen außerorts und auf Schnellstraßen max. 70, auf Autobahnen 80 fahren.

Die *Promillegrenze* liegt bei 0,5, für Fahranfänger gilt 0,0.

Als Fahranfänger gelten alle, deren Führerschein unter 3 Jahre alt ist.

Motorrad- und Mopedfahrer müssen immer mit *Abblendlicht* fahren, Autofahrer nur außerorts. Das Nationalitätenkennzeichen bzw. EU-Kennzeichen am Fahrzeug ist Pflicht. Jede Person, die bei Panne oder Unfall auf offener Straße den Wagen verlässt, muss eine reflektierende *Warnweste* tragen. Diese muss griffbereit im Auto mitgeführt werden.

Jede *Ladung*, die nach hinten überragt (Surfbretter, Boote, Fahrradständer) muss mit einer 50 x 50 cm großen rot-weiß-roten reflektierenden Warntafel (ggf. mit Rückstrahlern) versehen sein. Keine Ladung darf über die Vorderkante des Fahrzeugs hinausragen.

Öffentliche *Parkplätze* sind durch weiße oder blaue Markierungen gekennzeichnet. Die ›blauen‹ Parkplätze sind gebührenpflichtig. Eine gelbe Markierung bedeutet Fahrverbot.

Umweltzone Palermo

Die Innenstadt von Palermo ist als Umweltzone, *Zona a Traffico Limitato* (ZTL), ausgewiesen, in der zeitweise Fahrverbot herrscht. Die Fahrverbote – auch für Fahrzeuge mit ausländischen Kennzeichen – gelten Mo–Fr 9–13 und 15–20 Uhr für alle Fahrzeuge der Schadstoffklassen Euro 0, 1, 2 und 3, und zwar an geraden Kalendertagen für Fahrzeuge dieser Schadstoffklassen mit ungerader Kennzeichenziffer, an ungeraden Kalendertagen für Fahrzeuge mit gerader Ziffer.

Strom

Die *Netzspannung* beträgt 125 oder 220 V. Deutsche Stecker passen nicht in alle Steckdosen. Es empfiehlt sich die Mitnahme eines Zwischensteckers, der z. B. in ADAC-Geschäftsstellen erhältlich ist.

Anreise

Auto

Die wichtigsten *Routen* aus Deutschland führen über Österreich (Brennerautobahn, Felbertauerntunnel, Plöckenpass) nach Italien. Die beste Anfahrtsroute aus der Schweiz führt über Splügenpass, St.-Gotthard-Tunnel und Simplonpass. Man gelangt über die *A 1* Mailand– Rom–Neapel und die *A 3* Neapel–Reggio di Calabria nach Villa San Giovanni. Von dort geht die Autofähre nach Messina.

Die Autobahnen in Österreich und der Schweiz sind *mautpflichtig*. Vignetten gibt es bei den ADAC-Geschäftsstellen sowie an grenznahen Rastplätzen und Tankstellen. Die *Autobahngebühren* in Italien richten sich nach zurückgelegter Strecke und Fahrzeugklasse. Bezahlt wird bei der Autobahnabfahrt in Euro oder per Kreditkarte. Mit der *Viacard* (Karten zu 25 €, 50 € oder 75 € beim ADAC oder in Italien an den Autobahnstationen) wird man an vielen Mautstellen auf eigenen Fahrspuren schneller abgefertigt.

Autobahn-Tankstellen sind durchgehend geöffnet, die übrigen *Tankstellen* meist Mo–Fr 7–12.30 und 15.30–19.30 Uhr, am Wochenende im Schichtdienst. Auf Hauptstrecken gibt es SB-Tanksäulen, die Geldscheine zu 5 €, 10 € und 20 € sowie Kreditkarten annehmen.

Bahn und Autozug

Es gibt keine Direktverbindungen von Deutschland, Österreich oder der Schweiz nach Sizilien. Erst ab Rom oder Neapel kann man inklusive der Fährüberfahrt von Villa San Giovanni nach Messina reisen. Von dort aus gibt es Zugverbindungen über die ganze Insel. Gut erschlossen sind die Nord- und die Ostküste.

Fahrplanauskunft

Deutsche Bahn, Tel. 018 05/99 66 33 (persönliche Auskunft, 0,14 €/Min.), Tel. 08 00/150 70 90 (sprachgesteuert, gebührenfrei), www.bahn.de

Citynightline, Tel. 018 05/14 15 14 (0,14 €/Min.), www.citynightline.de

Österreichische Bundesbahn, Tel. 05 17 17, www.oebb.at

Schweizerische Bundesbahnen, Tel. 09 00 30 03 00, www.sbb.chb.at

FS Trenitalia, Tel. 89 20 21 (innerhalb Italiens), Tel. 0039/06 68 47 54 75 (aus dem Ausland), www.trenitalia.com

Bus

Busse fahren von Deutschland aus u.a. nach Messina, Palermo, Catania.

Deutsche Touring, Am Römerhof 17, 60486 Frankfurt/Main, Tel. 069/790 35 01, www.touring.de.

Flugzeug

Palermo und Catania kann man mehrmals täglich per Linienflug erreichen, man muss jedoch in Rom oder Mailand umsteigen. Charterflüge werden nur in der Saison angeboten.

Aeroporto di Palermo Falcone-Borsellino, 30 km westlich von Palermo, Tel. 09 17 02 01 11, 800 54 18 80 (innerhalb Italiens gebührenfrei), www.gesap.it

Aeroporto Catania Fontanarossa, 7 km südwestlich von Catania, Tel. 095 34 05 05, www.aeroporto.catania.it

Schiff

Von Livorno, Genua, Neapel oder Salerno verkehren Fähren über Nacht nach Palermo. Von Reggio di Calabria oder Villa San Giovanni erreicht man mit der mehrmals stündlich verkehrenden Fähre in etwa 30 bzw. 60 Min. Messina.

Grandi Navi Veloci, Tel. 01 02 09 45 91, www.gnv.it

Snav, Tel. 08 14 28 55 55, www.snav.it

Tirrenia, Tel. 08 10 17 19 98, www.tirrenia.it

Die **Isole Eolie** erreicht man per Fähre von Neapel oder Milazzo aus, Aliscafi fahren von Neapel, Reggio di Calabrai, Messina, Milazzo und Palermo zu den Inseln. Nähere Angaben siehe *Praktische Hinweise* im Haupttext.

Achtung: Alicudi, Stromboli und Panarea sind Juli–Okt. für Fahrzeuge von Nicht-Einwohnern gesperrt. Auf Alicudi gibt es keine Straßen. Auf Lipari, Vulcano und Filicudi dürfen Juli–Sept. nur Besucher Auto fahren, die mindestens 7 Tage auf der Insel verweilen.

Bank, Post, Telefon

Bank

Die Banken sind in der Regel Mo–Fr 8.30–13.30 Uhr geöffnet.

Post

Die Postämter sind Mo–Sa 8–14 Uhr geöffnet. Briefmarken (*Francobolli*) werden auch in Tabakläden (*Tabacchi*) verkauft.

Telefon

Internationale Vorwahlen
Italien 00 39
Deutschland 00 49
Österreich 00 43
Schweiz 00 41

In Italien ist die Ortsnetzkennzahl fester Bestandteil der Telefonnummern und muss immer (inkl. der 0) mitgewählt werden. Dagegen fällt bei Mobiltelefonnummern die Null weg. Die mit 800 beginnenden Servicenummern (*Numero verde*) gelten italienweit und sind gebührenfrei.

Die Benutzung handelsüblicher **Mobiltelefone** aller deutschen Netzbetreiber ist in Italien möglich. Man sollte sich vor Reiseantritt über das günstigste Netz vor Ort informieren und das eigene Handy entsprechend programmieren.

Die öffentlichen Telefone funktionieren mit **Telefonkarten** (*Scheda telefonica*, perforierte Ecke abreißen), die zu 1 €, 2,50 €, 5 € und 7,50 € in Tabakläden, Kiosken und manchen Bars verkauft werden.

Einkaufen

Öffnungszeiten

Geschäfte haben in aller Regel 9–13 und 15.30/16–19.30/20 Uhr geöffnet.

Souvenirs

Die besten Möglichkeiten, sich mit italienischer Mode einzudecken, bestehen in Palermo, Syrakus und Catania. Hier gibt es eine Reihe schöner und eleganter Geschäfte. Aber auch in Taormina findet man eine Auswahl von Modegeschäften und Juwelieren. Naschkatzen können aus einer Fülle an Süßigkeiten, besonders Marzipan und Mandelgebäck, wählen. Sehr beliebt sind die **Pupi siciliani**, die traditionellen sizilianischen Marionetten, die sowohl hand- als auch serienmäßig gefertigt erhältlich sind. Immer wieder wird man auch auf Keramikwaren aus dem sizilianischen Töpferzentrum Caltagirone stoßen. In Taormina findet man schöne Spitzendecken und Stickereien.

Essen und Trinken

Restaurants sind in der Regel 12–15 und 19–23 Uhr geöffnet. Die Preise auf der Speisekarte enthalten meist den Servicezuschlag von 10–15 %, hinzu kommt ein Betrag für *Pane e Coperto* (Brot und Gedeck). Darüber hinaus ist ein *Trinkgeld* von 10 % des Rechnungsbetrages üblich.

Übrigens: Das *Rauchen* ist in allen Bars, Restaurants und Clubs verboten, die nicht über separate, belüftete Räumlichkeiten verfügen. Die Missachtung des Rauchverbots kann mit Geldstrafen bis zu 275 € geahndet werden.

Der sizilianische Tag beginnt mit einem kargen **Frühstück**, das meist im Stehen in einer Bar eingenommen wird: ein Cappuccino oder Caffelatte sowie ein Cornetto, ein Hörnchen. Beim **Mittagessen** werden üblicherweise mindestens zwei Gänge geordert. Wer nur Nudeln essen möchte, sollte das schon bei der Bestellung sagen. Das **Abendessen** umfasst drei oder mehr Gänge.

Häppchen: Zu den klassischen sizilianischen Kleinigkeiten gehören **Arancine**, panierte Reisbällchen, die mit Erbsen, Eiern und Käse oder Fleisch gefüllt sind. **Sfincione** heißt die siziliansiche Variante der Pizza. Diese und auch die Teigtaschen, **Scàccia**, gibt es in verschiedenen Abwandlungen.

Die **sizilianische Küche** ist »so arm wie das Land und so reich wie seine Geschichte«. Fantasievolle Kreationen und Kräuter spielen eine große Rolle. Fenchel, Kapern, wilder Spargel, Löwenzahn und Sellerie wuchsen schon immer hier und fanden stets reiche Verwendung. Araber, Franzosen und Spanier brachten ihre Spezialitäten mit. Desserts und süßes Gebäck stehen ganz hoch im Kurs.

Primo: Risotto als erster Gang ist so verbreitet wie **Pasta**, beides mit Fisch, Pilzen, Gemüse, aber auch Fleisch oder Geflügel. **Pasta con le Sarde**, mit Sardinen, steht auf fast jeder Speisekarte. Ebenso **Caponata**, eine kalt servierte Vorspeise aus gekochten Auberginen, Kapern, Kürbis, Tomaten und Oliven.

Secondo: Abgesehen von den üblichen italienischen Fleischgerichten gibt es z. B. die **Involtini**, kleine Rouladen, in denen wie im großen Sonntagsbraten *Farsu magru*, eine Mischung aus Mortadella, Eiern, Hackfleisch, Käse und Kräutern steckt. Frisch aus dem **Meer** kommen Schwertfisch, Thunfisch, Sardinen und Meeresfrüchte. Sie alle werden auf unterschiedlichste Art zubereitet, geröstet, gegrillt, mariniert, mit Rosinen, Pinienkernen, Lorbeer, Orangensaft. Meist wird der zweite

Gang ohne **Beilagen** serviert. Diese *Contorni* muss man extra bestellen, es sind Kartoffeln, Gemüse oder Salate.

Zur Auswahl an **Käse** gehören Ricotta, der Rohmilchkäse Ragusano, Schafskäse wie der birnenförmige Caciocavallo und Pecorino in verschiedenen Reifegraden.

Als **Dessert** wird häufig Eiscreme geboten, Halbgefrorenes (Semifreddo), Granita oder Spumoni, Schaumgefrorenes aus Zitrone und Schokolade. Verführerisch sind auch Cannoli, Teigrollen oder Torten wie die weiße Cassata, beide mit Ricotta und kandierten Früchten.

Zum Essen darf **Wein** natürlich nicht fehlen. Zu den guten Tropfen zählen: Corvo, Nero d'Avola, Frapporto, Rapitalà, Regaleali, Planeta und Donnafugata. Besonders feurig sind Weine vom Ätna wie der Etna Rosso. Als *Dessertwein* empfiehlt sich natürlich der trockene **Marsala** oder als besondere Leckerei die Mandelvariante *Marsala alle mandorle*. Als Digestif wird der Kräuterbitter *Averna* oder ein *Limoncello,* ein Zitronenlikör, getrunken.

Und zum Abschluss noch einen **Caffè** (so heißt hier der Espresso). Wer ihn besonders stark mag, bestellt ihn *ristretto*. Caffè *macchiato* (gefleckt) ist Espresso mit einem Schuss Milch. Mit einem Hauch Likör ›korrigiert‹ ist es ein *Caffè coretto*.

Feiertage

1. Januar (*Capodanno*, Neujahr), 6. Januar (*Epifania*, Dreikönigstag), Ostermontag (*Pasquetta*), 25. April (*Liberazione*, Tag der Befreiung), 1. Mai (*Festa del lavoro*, Tag der Arbeit), 2. Juni (*Festa della Repubblica*, Tag der Republik), 15. August (*Festa dell' Assunta*, *Ferragosto*, Mariä Himmelfahrt), 1. November (*Ognissanti*, Allerheiligen), 8. Dezember (*Immacolata Concezione*, Mariä Empfängnis), 25. Dezember (*Natale*) und 26. Dezember (*Santo Stefano*).

Festivals und Events

Sizilianer feiern gern und häufig. Festlicher Höhepunkt des Kalenders ist vor allem die **Karwoche**, die auf Sizilien ganz im Zeichen von Prozessionen steht. Daneben wird der Namenstag des jeweiligen **Stadtheiligen** gefeiert. Eine Auflistung von Volksfesten, Prozessionen und Festivals gibt es unter www.siciliainfesta.com.

Januar

Palermo, *Epifania* (6. Jan.): Umzug zum Feiertag der Heiligen Drei Könige.

Februar

Acireale, *Carnevale* (Febr./März): Bis Rosenmontag finden Umzüge mit Prunkwagen statt.

Agrigent, *La Sagra del Mandorlo in Fiore* (Mitte Februar, www.mandorloinfiore.net): Mandelblütenfest mit Folkloredarbietungen.

Catania, *Festa di Sant'Agata* (3.–5. Febr.): Die Stadtpatronin wird u. a. mit der Prozession der Cannaroli, der riesigen Kerzenständer gefeiert.

März/April

Caltanissetta, *Giorni della Pena* (Karwoche): Ab Mittwoch vor Ostern Passionsspiele mit Umzügen und Prozessionen.

Enna, *Incapucciati* (Karfreitag): 15 Gilden ziehen in historischen Bußgewändern mit Kapuzen zum Dom.

Marsala, *Processione dei Misteri* (Gründonnerstag): Beeindruckender Mysterienumzug.

Trapani, *Processione dei Misteri* (Karfreitag): Geschmückte Wagen mit Statuen zum Leidensweg Christi werden durch die Straßen geschoben.

April

Auf ganz Sizilien, *Festa di San Giorgio* (23. April): Stimmungsvolle Umzüge zu Ehren des hl. Georg.

Mai

Noto, *Primavera Barocca* (3. Maiwochenende): Konzerte, Umzug in historischen Kostümen sowie *L'Infiorata* (www.infiorata.info) mit prachtvollen Blumenbildern in der Via Nicolaci.

Syrakus, *Festa di Santa Lucia* (1. Maisonntag): Zu Ehren der Stadtheiligen findet eine Prozession statt.

Syrakus, *Ciclo di Rappresentazioni Classiche* (Mai/Juni, www.indafondazione.org): Festival der antiken Tragödie mit Aufführungen im Griechischen Theater.

Juni

Catania, *Festival Sicilia e Mediterraneo* (Mitte Juni): Musik, Tanz und Ausstellungen im Monastero di San Nicolò.

Palazzolo Acreide, *Festa di San Paolo* (28./29. Juni): Prozession mit festlichem Rahmenprogramm und spektakulärem Feuerwerk.

Taormina, *Taormina Film Fest* (www.taorminafilmfest.it): Internationales Filmfestival.

In den Fischerdörfern, *Festa di San Pietro* (29. Juni): Feierlichkeiten für den Schutzheiligen der Fischer.

Juli

Acireale, *Opera dei Pupi* (Juli–Sept. Do und So, www.operadeipupi.com): Marionettentheater.

Caltagirone, *Festa di San Giacomo* (24./25. Juli): Zum Gedenken an den Heiligen wird die Scalinata mit Kerzen beleuchtet.

Catania, *Etnafest, Open Week* (www.etnafest2010.com): Volles Kulturprogramm bei freiem Eintritt von Rock- und Jazzmusik über Kino, Theater, Kabarett und Marionettentheater bis zu Ausstellungen.

Gibellina, *Le Orestiadi* (Juli–Sept., www.orestiadi.it): Alljährlich wird das Aischylos-Drama von renommierten Regisseuren inszeniert.

Palermo, *Festa di Santa Rosalia* (11.–15. Juli): Prozession zwischen Cattedrale und Quattro Canti, abends Volksfest und Feuerwerk auf dem Foro Italico.

Taormina, *Taormina Jazz Festival* (www.taorminajazzfestival.it): Konzerte internationaler und italienischer Jazzmusiker in der Villa Comunale.

Taormina, *Taormina Arte* (Juli/Aug., www.taormina-arte.com): Kulturfestival im Griechischen Theater und im Kongresszentrum mit Opernaufführungen, Film- und Musikveranstaltungen. Marionettentheater und Konzerte im Giardino Pubblico.

August

Piazza Armerina, *Palio dei Normanni* (12.–14. Aug., www.paliodeinormanni.it): Pferderennen und Umzüge in normannischen Kostümen.

Messina, *Festa dell'Assunta* (12.–15. Aug.): Feierlichkeiten anlässlich Mariä Himmelfahrt, *Meeresprozession* auf dem Stretto, der Meerenge von Messina, *Passeggiata dei Giganti*, Umzug der normannischen Riesen, und *Processione della Vara*, Prozession der Vara, des Wolkenwagens mit Marienstatue.

September

Palermo, *Santa Rosalia* (3. Sept): Fackelprozession auf den Monte Pellegrino zur Grotte der Schutzpatronin Santa Rosalia.

Tindari, *Festa della Madonna Nera* (8. Sept.): Fest zu Ehren der Schwarzen Madonna.

Oktober

Palermo, *Festival sul Novecento* (Okt.–Anfang Nov.): Kulturspektakel mit viel Musik, Tanz, Theater, Kino und Kunst.

November

Palermo (2. November): *Giorno dei Morti*. Zu Allerseelen besuchen Familien samt Kindern die Katakomben.

Palermo, *Palermo Citymarathon* (Ende Nov., www.palermomaratona.it).

Museen und Ausgrabungen

In Italien wird allen EU-Bürgern unter 18 Jahren und über 65 Jahren in allen Staatlichen Museen, Ausgrabungsstätten und Sehenswürdigkeiten freier Eintritt gewährt. Das gilt auch für Schülergruppen, selbst wenn die Schüler älter als 18 Jahre alt sind.

Klima und Reisezeit

Sizilien gehört zu den sonnigsten Gebieten Europas, hier mischen sich Mittelmeerklima und nordafrikanisches Klima. Drei Viertel der jährlichen Regenmenge fallen im feucht-milden Herbst und Winter. Von Dezember bis April herrschen über 2500 m Höhe gute Wintersportbedingungen. Das Frühjahr ist kurz, meist beginnt schon im Mai der Sommer. Im Hochsommer werden Temperaturen von bis zu 40 °C gemessen. Besonders heiß weht der Wüstenwind Scirocco, der an etwa 20 Tagen im Jahr eine ganztägige Siesta erstrebenswert macht.

Klimadaten Sizilien

Monat	Luft (°C) min./max.	Wasser (°C)	Sonnen-std./Tag	Regen-tage
Januar	5/14	14	4	12
Februar	6/15	14	5	11
März	4/17	14	6	8
April	9/20	15	7	7
Mai	12/23	17	9	4
Juni	16/27	21	10	3
Juli	18/30	24	11	1
August	19/31	26	10	1
September	17/28	24	8	5
Oktober	14/24	22	6	9
November	10/20	19	5	11
Dezember	7/16	16	4	12

Kultur live

Teatro Massimo Bellini, Via Perrotta 12, Catania, Tel. 095 730 61 10, www.teatromassimobellini.it. Führungen Mo, Mi, Fr 9.30 und 11.30 Uhr, Konzert- und Theaterkarten, Tel. 095 715 09 21

Teatro Massimo, Piazza Giuseppe Verdi, Palermo, www.teatromassimo.it. Führungen Di–So 10–15 Uhr, Tel. 091 60 90 831, Konzert- und Theaterkarten, Tel. 800 90 70 80 (innerhalb Italiens), Tel. 06 48 07 84 00

Kuren

Ein gutes Dutzend Thermalbäder, z. B. in Acireale, bietet Kuren an, hauptsächlich für Rheuma- und Bronchitispatienten, aber auch für Menschen, die an Haut- und Knochenerkrankungen leiden. Die Broschüre ›Terme di Sicilia‹ ist beim jeweiligen regionalen Tourismusbüro anzufordern.

Nachtleben

Das sizilianische Nachtleben spielt sich meist im Freien ab, vor allem vor den Cafés – bei Eis oder einem Glas Wein. In **Palermo** bummelt man gern über den Viale della Libertà und die anderen Flaniermeilen des Zentrums. **Taormina** wird vom Frühjahr an nach Einbruch der Dunkelheit zu einem einzigen großen Lokal unter freiem Himmel. Diskos gibt es in **Giardini Naxos** und selbstverständlich in allen Großstädten. In **Agrigent** bummelt man um die Treppen und Plätze an der Via Atenea. In **Syrakus** trifft man sich auf Ortigia rund um die Fonte Aretusa. Treffpunkte in **Catania** sind die Piazza Duomo und die Via Etnea.

Sport

Bootsausflüge

Segelboote kann man in allen größeren Badeorten mieten. Auch Bootstouren werden häufig angeboten. Und für alle, die Fischfang live erleben wollen: Von Cefalù und Sant'Agata Militello aus kann man Tages- oder Mehrtagesausflüge an Bord von *Fischerbooten* (www.federcopescaturismo.it) machen.

Reiten

Im Rahmen des *Agriturismo* (Urlaub auf dem Lande) bieten einige Höfe in den Madonie auch Pferdetrekking an.

Schwimmen

Einige Strände in der Nähe von Großstädten und Industriegebieten sind umweltbelastet. Relativ sauber sind die Strände – im Norden: um Capo San Vito, in Mondello, Cefalù und an den Lagunen von Tindari – im Osten: bei Taormina in Mazzaro, Giardini Naxos, Acireale, Fontane Bianche, Portopalo di Capo Passero – im Süden: bei Pozzallo, Sampieri, Donnalucata, Marina di Ragusa, Camarina, Falconara, östlich von Lido Rosello, Marinella di Selinunte – im Westen: südlich von Marsala und am Monte Cofano.

Skifahren

Auf der Nordseite des Ätna gibt es Schutzhütten und Lifte für alpine Skifahrer, die Südseite ist erfahrenen Tiefschneefahrern vorbehalten. Abfahrtspisten und Lifte gibt es auch in den Madonie, während die Nebrodi sich eher für Langläufer eignen.

Tauchen

Die Inseln vor Siziliens Küste sind wahre Taucherparadiese. Adressen von Tauchschulen finden sich im Haupttext unter *Praktische Hinweise*.

Wandern

Auskünfte über die schönsten Wanderwege in den Madonie und Nebrodi und am Ätna erteilt:

Club Alpino Italiano (CAI), Via Nicolò Garzilli 59, Palermo, Tel. 091 32 94 07, www.palermoweb.com/caipalermo.

Statistik

Lage: Mit 25 710 km² umfasst Sizilien 8,5 % des italienischen Staatsgebietes. Die Gebirgskette Madonie im Norden der Insel erreicht Höhen bis zu 2000 m. Nach Süden schließt sich Hügelland an, Schwemmlandebenen säumen die Ost- und Südküste. Der Ätna ist mit 3329 m der höchste Gipfel Italiens außerhalb der Alpen.

Bevölkerung: 5,1 Mio., von denen mehr als 30 % in den größeren Städten an der Küste leben.

Hauptstadt: Palermo (660 000 Einw.)

Wirtschaft: Drei Viertel der Fläche Siziliens werden landwirtschaftlich genutzt, es arbeiten aber weniger als 11 % der Sizilianer in der Agrarindustrie. Auf den Hauptanbaugebieten im Inselinneren wird Weizen angepflanzt, im Westen wird viel Wein angebaut, im Osten und Norden gedeihen Zitrusfrüchte, an den Hängen des Ätna wachsen Aprikosen, Artischocken, Zucchini, Mandeln, Haselnüsse, Pistazien und Oliven. Der Industriesektor, hier sind 25 % der Beschäftigten tätig, konzentriert sich mit Erdöl-, Erdgas- und Schwefelvorkommen auf den Süden. Über die Hälfte der Sizilianer ist im Dienstleistungssektor tätig. Wirtschaftlich spielt auch der Tourismus eine große Rolle. Über 10 Mio. Reisende kommen alljährlich nach Sizilien. Der Umsatz der Cosa Nostra, des organisierten Verbrechens, wird auf etwa 21 Milliarden € geschätzt.

Unterkunft

Ein Verzeichnis der Unterkünfte erhält man bei der ENIT [s. S. 131]. Empfehlungen bieten die *Praktischen Hinweise* bei den jeweiligen Orten im Haupttext.

Camping

Eine Beschreibung geprüfter Campingplätze bietet der jährlich neu erscheinende **ADAC Camping-Caravaning-Führer** (www.adac.de/campingfuehrer).

Hotels

Fünf Hotelkategorien werden in Sizilien angeboten, wobei Komfort und Service gelegentlich nicht mitteleuropäischem Standard entsprechen. Infos und Links: www.sicily-hotels.com

Jugendherbergen

Auf Sizilien gibt es Jugendherbergen in Canneto auf Lipari, in Taormina, Castroreale, Noto, Nicolosi und Trapani-Erice.

Associazione Italiana Alberghi per la Gioventù (AIG), Via Cavour 44, Roma, Tel. 064 87 11 52, www.ostellionline.org

Deutsches Jugendherbergswerk, Bismarckstr. 8, Detmold, Tel. 052 31/740 10, www.jugendherberge.de

Pensionen und Agriturismo

Pensionen und Zimmer auf dem Land übertreffen billige Hotels oft in Komfort und Service. Infos:

Bed & Breakfast Italia, Corso Vittorio Emanuele II 282–284, Roma, Tel. 066 87 86 18, www.bbitalia.it

Agriturist, Corso Vittorio Emanuele II 101, Roma, Tel. 066 85 23 37, www.agriturist.it

Verkehrsmittel im Land

Wer es nicht allzu eilig hat, kann sich auf Sizilien gut mit öffentlichen Verkehrsmitteln fortbewegen. Fahrten in abgelegene Gebiete erfordern allerdings sorgfältige Planung, weil Busse dorthin nicht unbedingt täglich verkehren.

Bahn

Die Bahn ist preiswert (außer Rapido), doch manche Bahnhöfe liegen mehrere Kilometer von den Sehenswürdigkeiten entfernt (z. B. Selinunt). Für Vielfahrer gibt es Vergünstigungen.

Trenitalia, Call Center, Tel. 89 20 21, www.trenitalia.it. Informationen über Verbindungen und Online-Tickets.

Ferrovia Circumetnea (FCE), Via Caronda 352, Catania, Tel. 095 54 12 50, www.circumetnea.it

Bus

Auf Sizilien verkehren zwei Buslinien, die staatliche **AST** (www.aziendasicilianatrasporti.it) und die private **SAIS** (www.saisautolinee.it). Die Busse sind schnell und preiswert. Fahrkarten kauft man an Automaten, Zeitungskiosken oder besonderen Fahrkartenverkaufsschaltern am Busbahnhof (Autostazione). Auskünfte erteilen Reisebüros oder Büros der Compagnia Italiana Turismo (CIT).

Mietwagen

Es lohnt sich, Mietwagen vor der Reise zu buchen. Wer keine Kreditkarte hat, muss eine Kaution hinterlegen, die er bei Ablieferung des Fahrzeuges zurückerstattet bekommt. Für Mitglieder bietet die **ADAC-Autovermietung GmbH** günstige Konditionen. Buchungen über die ADAC-Geschäftsstellen oder unter Tel. 018 05/31 81 81 (0,14 €/Min.).

Taxi

Taxis gibt es in allen größeren Städten. Vor Fahrtbeginn sollte man den Preis erfragen bzw. aushandeln. Für Gepäck, Nacht- und Feiertagsfahrten werden häufig Aufschläge berechnet.

Sprachführer

Italienisch für die Reise

Das Wichtigste in Kürze

Ja / Nein	*Si / No*
Bitte / Danke	*Per favore / Grazie*
Entschuldigung!	*Scusi!*
Wie bitte?	*Come dice?*
Ich verstehe Sie nicht.	*Non La capisco.*
Können Sie mir helfen?	*Mi può aiutare?*
Das gefällt mir (nicht).	*(Non) Mi piace.*
Haben Sie …?	*Ha …?*
Wie viel kostet …? /	*Quanto costa …?*
Kann ich mit Kreditkarte bezahlen?	*Posso pagare con la carta di credito?*
Hallo! / Grüß dich!	*Ciao!*
Auf Wiedersehen/Tschüs!	*Arrivederci/Ciao!*
Bis bald!	*A presto!*
Wie ist Ihr Name?	*Come si chiama?*
Mein Name ist …	*Mi chiamo …*
Ich bin Deutsche(r)	*Sono tedesca(-o)*
Ich komme aus Deutschland.	*Sono della Germania.*
Wie geht es Ihnen?	*Come sta?*

Wochentage

Montag	*lunedì*
Dienstag	*martedì*
Mittwoch	*mercoledì*
Donnerstag	*giovedì*
Freitag	*venerdì*
Samstag	*sabato*
Sonntag	*domenica*

Zahlen

0	*zero*	19	*diciannove*
1	*uno*	20	*venti*
2	*due*	21	*ventuno*
3	*tre*	22	*ventidue*
4	*quattro*	30	*trenta*
5	*cinque*	40	*quaranta*
6	*sei*	50	*cinquanta*
7	*sette*	60	*sessanta*
8	*otto*	70	*settanta*
9	*nove*	80	*ottanta*
10	*dieci*	90	*novanta*
11	*undici*	100	*cento*
12	*dodici*	200	*duecento*
13	*tredici*	1000	*mille*
14	*quattordici*	2000	*duemila*
15	*quindici*	10 000	*diecimila*
16	*sedici*	1 000 000	*un millione*
17	*diciassette*	1/2	*mezzo*
18	*diciotto*	1/4	*un quarto*

Monate

Januar	*gennaio*
Februar	*febbraio*
März	*marzo*
April	*aprile*
Mai	*maggio*
Juni	*giugno*
Juli	*luglio*
August	*agosto*
September	*settembre*
Oktober	*ottobre*
November	*novembre*
Dezember	*dicembre*

Maße

Kilometer	*chilometro(-i)*
Meter	*metro(-i)*
Zentimeter	*centimetro(-i)*
Kilogramm	*chilo(-i)*
Pfund	*mezzo chilo*
100 Gramm	*etto(-i)*
Liter	*litro(-i)*

Unterwegs

Nord / Süd / West / Ost	*nord / sud / ovest / est*
oben / unten	*sopra / sotto*
geöffnet / geschlossen	*aperto / chiuso*
geradeaus / links / rechts / zurück	*diritto / sinistra / destra / indietro*
nah / weit	*vicino / lontano*
Wie weit ist …?	*A che distanza si trova…?*
Wo sind die Toiletten?	*Dove sono le toilette?*
Wo ist die (der) nächste … Polizeidienstelle / Geldautomat?	*Dove si trova nelle vicinanze … la polizia / un bancomat?*
Bitte, wo ist … der Hauptbahnhof / der Busbahnhof / der Flughafen?	*Scusi, dov'è … la stazione centrale / la stazione autolinee / l'aeroporto?*
Wo finde ich … eine Bäckerei / ein Kaufhaus / einen Supermarkt / den Markt?	*Dove si trova … un panificio / un grande magazzino / un supermercato / il mercato?*
Ist das der Weg / die Straße nach …?	*È questa la strada per ….?*
Ich möchte … nach … fahren.	*Vorrei andare … a …*
Gilt dieser Preis für Hin- und Rückfahrt?	*È la tariffa di andata e ritorno?*

Tankstelle

Wo ist die nächste Tankstelle?	*Dov'è la stazione di servizio più vicina?*

Ich möchte ... Liter ... Benzin/Super/Diesel.	*Vorrei ... litri ... di benzina/super/diesel.*

Krankheit und Notfälle

Können Sie mir einen Deutsch sprechenden Arzt/Zahnarzt empfehlen?	*Mi può consigliare un medico/dentista che parla il tedesco?*
Wo ist die nächste Apotheke?	*Dove si trova la farmacia più vicina?*
Hilfe!	*Aiuto!*
Achtung!/Vorsicht!	*Attenzione!*
Rufen Sie bitte einen Krankenwagen/die Polizei/die Feuerwehr.	*Per favore, chiami un'ambulanza/la polizia/i vigili del fuoco.*
Geben Sie mir bitte Ihren Namen und Ihre Adresse.	*Mi dia il suo nome ed indirizzo, per favore.*
Ich möchte eine Anzeige erstatten.	*Vorrei fare una denuncia.*
Man hat mir ... Geld/die Tasche/die Papiere gestohlen.	*Mi hanno rubato ... i soldi/la borsa/i documenti.*
Ich habe eine Panne.	*Ho un guasto.*
Können Sie mir einen Abschleppwagen schicken?	*Mi potrebbe mandare un carro attrezzi?*

Hotel

Können Sie mir bitte ein Hotel/eine Pension empfehlen?	*Potrebbe consigliarmi un albergo/una pensione, per favore?*
Ich habe bei Ihnen ein Zimmer reserviert.	*Ho prenotato una camera.*
Was kostet das Zimmer?	*Quanto costa una camera?*
Wie lange gibt es Frühstück?	*Fino a che ora viene servita la colazione?*
Haben Sie ein Fax/einen Internet-anschluss?	*Ha un fax/un collegamento Internet?*
Ich reise heute Abend/morgen früh ab.	*Vorrei partire questa sera/domani mattina.*

Restaurant

Ich suche ein gutes/günstiges Restaurant.	*Cerco un buon ristorante/un ristorante non troppo caro.*
Die Speisekarte/Getränkekarte, bitte.	*Vorrei la carta/la lista delle bevande, per favore.*
Welches Gericht können empfehlen?	*Quale piatto mi può mi può consigliare?*
Haben Sie typische *Gerichte der Region?*	*Ha dei piatti tipici della regiona?*
Haben Sie ... vegetarische Gerichte?	*Ha dei ... piatti vegetariani?*
Die Rechnung/Bezahlen bitte!	*Vorrei il conto, per favore!*

Essen und Trinken

Abendessen	*cena*
Apfel	*mela*
Auberginen	*melanzane*
Bier	*birra*
Brot/Brötchen	*pane/panino*
Butter	*burro*
Ei (Eier)	*uovo (uova)*
Espresso (mit Milch)	*caffè (macchiato)*
Fisch	*pesce*
Fleisch	*carne*
Frühstück	*prima colazione*
Gemüse	*verdura*
Huhn	*pollo*
Kalbfleisch	*vitello*
Kalbshaxenscheibe	*ossobuco*
Kartoffeln	*patate*
Käse	*formaggio*
Meeresfrüchte	*frutti di mare*
Milch	*latte*
Milchkaffee	*caffelatte*
Mineralwasser	*acqua minerale*
Mittagessen	*pranzo*
Nachspeise	*dolce*
Obst	*frutta*
Öl	*olio*
Orange	*arancia*
Parmesankäse	*parmigiano*
Reisbällchen, gefüllt	*arancine*
Salat	*insalata*
Salz	*sale*
Sardellen	*acchiuge*
Schafskäse	*ricotta*
Schinken	*prosciutto*
Schweinefleisch	*maiale*
Schwertfisch	*pesce spada*
Steak	*bistecca*
Suppe	*minestra/zuppa*
Tee	*té*
Thunfisch	*tonno*
Tintenfische	*polpetti*
Tomaten	*pomodori*
Venusmuscheln	*vongole*
Vorspeisen	*antipasti*
Wein, Weiß-/Rot/Rosé	*vino bianco/rosso/rosato*
Zucker	*zucchero*

Hinweise zur Aussprache

c, cc	vor ›e‹ und ›i‹ wie ›tsch‹, Bsp.: **ci**ao; sonst wie ›k‹, Bsp.: **co**me
ch, cch	wie ›k‹, Bsp.: **che**, **chi**lo
g, gg	vor ›e‹ und ›i‹ wie ›dsch‹, Bsp.: **ge**nte; sonst wie ›g‹, Bsp.: **go**la
gli	wie ›Lilie‹, Bsp.: fi**gli**o
gn	wie ›Cognac‹, Bsp.: ba**gn**o
sc	vor ›e‹ und ›i‹ wie ›sch‹, Bsp.: **sci**opero; sonst wie ›sk‹, Bsp.: **sc**ala
sch	wie ›sk‹, Bsp.: I**sch**ia
sci	vor ›a,o,u‹ wie ›sch‹, Bsp.: la**sci**are
z	wie ›ds‹, Bsp.: **z**uppa

Register

Impressum

Redaktionsleitung und Lektorat:
Dr. Dagmar Walden
Bildredaktion: Astrid Rohmfeld
Aktualisierung: Kirsten Winkler, Dr. Dagmar Walden
Karten: Computerkartographie Carrle, München
Layout: Martina Baur
Herstellung: Ralph Melzer
Druck, Bindung: Rasch Druckerei und Verlag, Bramsche
Printed in Germany

Ansprechpartner für den Anzeigenverkauf:
Kommunalverlag GmbH & Co KG,
MediaCenterMünchen, Tel. 089/92 80 96-44

ISBN 978-3-89905-863-5

Neu bearbeitete Auflage 2011

Bildnachweis

Umschlag-Vorderseite: Blick vom Teatro Greco in Taormina auf den Ätna.
Foto: Corbis, Düsseldorf (Antonino Bartuccio)

Titelseite
Oben: Teatro Greco von Taormina (Wh. von S. 110/111)
Mitte: Feuer speiender Stromboli (Wh. von S. 123)
Unten: Vor dem Duomo von Syrakus (Wh. von S. 82/83)

AKG, Berlin: 24, 89, 117 unten (akg-images) – Gustavo Alabiso, Karlsruhe: 21 – Bildagentur Huber, Garmisch-Partenkirchen: 6 oben (Ripani Massimo), 6/7, 125 (Gräfenhain), 16/17 (Mehlig), 42 (R. Rinaldi), 45 (Johanna Huber), 48, 117 oben (Kaos03), 54 unten, 115 oben (Bernhart), 60, 80/81, 95 unten, 108/109, 110/111 (A. Saffo) – Bildagentur Schapowalow, Hamburg: 9 Mitte, 15 oben, 29, 39 unten, 49, 52/53, 56, 93, 109, 119 unten, 122 oben, 130 oben links (SIME), 34 oben (Atlantide) – Bildagentur-online, Burgkunstadt: 8/9, 9 unten, 35, 70, 83, 114, 121 oben (TIPS-Images), 22/23, 25 (Klein) – bpk - Bildagentur für Kunst, Kultur und Geschichte, Berlin: 87 (Scala) – Centrale Palace Hotel, Palermo: 37 unten – DIZ, Süddeutsche Zeitung Photo, München: 73 (Rue des Archives) – dpa Picture Alliance, Frankfurt am Main: 28 oben, 31, 37 oben, 54 oben, 75, 95 oben, 129 (Sabine Lubenow), 41 (De Agostini/Photoshot), 79 (Diana Mayfield/Lonely Planet Images) – F1Online, Frankfurt am Main: 40 oben (Bruno Morandi/AGE), 42/43 (Sylvain Grandadam/AGE), 47 (Topaz), 118 (N.N.) – laif, Köln: 6 Mitte (Jose Fuste Raga/Explorer), 10 Mitte (Heidorn), 10 unten (Markus Kirchgessner), 11 Mitte (Andreas Fechner), 11 unten, 12, 34 unten, 40 unten, 62/63, 71, 77 oben, 86, 91 unten, 107 (Hans Madej), 15 unten (Paolo Tre/A3/Contrasto), 23, 46/47 (Jonkmanns), 27 oben (Berthold Steinhilber), 27 unten (Fulvio Zanettini), 28 unten (Franco Barbagallo), 30, 130 unten rechts (Sabine Bungert), 50 (Harscher), 53, 72 (Hemis), 64/65 (Celentano), 76 (Rene Mattes/hemis.fr), 78 (Goisque/Le Figaro Magazine), 91 oben (Gerald Haenel), 92 (Franco Barbagallo), 120 (Jean-Pierre Degas/hemis.fr), 122 unten (Shobha/Contrasto), 130 unten links (Andreas Fechner) – look, München: 7, 32, 39 oben, 55, 82/83, 113, 130 Mitte (Sabine Lubenow), 44, 121 unten (age fotostock), 85, 106/107 (Ingolf Pompe) – Mauritius, Mittenwald: 8, 123 (imagebroker/TPG), 10/11, 46/47, 69 unten (Rene Mattes), 33, 66 oben, 66 unten, 74, 88, 115 unten, 119 oben, 127 (CuboImages), 58 (imagebroker/Bahnmueller), 90 (imagebroker/White Star/Monica Gumm) – Orestiade, Gibellina: 61 (Valentina Saluto) – ullstein bild, Berlin: 13 (AISA), 14 oben (Archiv Gerstenberg), 14 unten (Granger Collection), 99 oben (Promnitz), 77 (impact), 130 oben rechts (Imagebroker.net) – Visum, Hamburg: 18/19, 126/127 (Sintesi) – Waterframe, München: 51 (Franco Banfi) – Your Photo Today, Taufkirchen: 26, 94 (JTB)

Mehr erleben, besser reisen!

Ägypten	■	■	
Algarve	■	■	
Allgäu	■	■	
Alpen – Freizeitparadies	■		
Amsterdam	■	■	■
Andalusien	■	■	
Australien	■	■	
Bali & Lombok	■		
Baltikum	■	■	
Barcelona	■	■	■
Bayerischer Wald	■	■	
Berlin	■	■	■
Bodensee	■	■	
Brandenburg	■	■	
Brasilien	■		
Bretagne	■	■	
Budapest	■	■	■
Bulg. Schwarzmeerküste	■		
Burgund	■		
City Guide Germany	■		
Costa Brava und Costa Dorada	■		
Côte d'Azur	■	■	
Dänemark	■	■	
Deutschland – Die schönsten Autotouren		■	
Deutschland – Die schönsten Orte und Regionen	■		
Deutschland – Die schönsten Städtetouren	■		
Dominikanische Republik	■		
Dresden	■	■	■
Dubai, Vereinigte Arab. Emirate, Oman	■	■	
Elsass	■	■	
Emilia Romagna	■		
Florenz	■	■	■
Florida	■	■	
Franz. Atlantikküste	■	■	
Fuerteventura	■	■	
Gardasee	■	■	
Golf von Neapel	■	■	
Gran Canaria	■	■	
Hamburg	■	■	■
Harz	■	■	
Hongkong & Macau	■		
Ibiza & Formentera	■		
Irland	■	■	
Israel	■		
Istanbul	■	■	
Italien – Die schönsten Orte und Regionen	■		
Italienische Adria	■	■	
Italienische Riviera	■	■	
Jamaika	■		
Kalifornien	■	■	
Kanada – Der Osten	■	■	
Kanada – Der Westen	■	■	
Karibik	■	■	
Kenia	■	■	
Korfu & Ionische Inseln	■	■	
Kreta	■	■	
Kroatische Küste – Dalmatien	■	■	
Kroatische Küste – Istrien	■	■	
Kuba	■	■	
Kykladen	■		
Lanzarote	■	■	
Leipzig	■	■	■
Lissabon	■	■	■
London	■	■	■
Madeira	■	■	
Mallorca	■	■	
Malta	■	■	
Marokko	■	■	
Mauritius & Rodrigues	■		
Mecklenburg-Vorpommern	■	■	
Mexiko	■		
München	■	■	■
Neuengland	■	■	
Neuseeland	■	■	
New York	■	■	■
Niederlande	■	■	
Norwegen	■	■	
Oberbayern	■	■	
Österreich	■	■	
Paris	■	■	■
Peloponnes	■		
Piemont, Lombardei, Valle d'Aosta	■	■	
Polen	■	■	
Portugal	■	■	
Prag	■	■	■
Provence	■	■	
Rhodos	■	■	
Rom	■	■	■
Rügen, Hiddensee, Stralsund	■	■	
Salzburg	■	■	■
St. Petersburg	■	■	
Sardinien	■	■	
Schleswig-Holstein	■	■	
Schottland	■	■	
Schwarzwald	■	■	
Schweden	■	■	
Schweiz	■	■	
Sizilien	■	■	
Spanien	■	■	
Südafrika	■	■	
Südengland	■	■	
Südtirol	■	■	
Sylt	■	■	
Teneriffa	■	■	
Tessin	■	■	
Thailand	■	■	
Thüringen	■	■	
Toskana	■	■	
Trentino		■	
Türkei – Südküste	■	■	
Türkei – Westküste	■	■	
Tunesien	■	■	
Umbrien	■		
Ungarn	■	■	
USA – Südstaaten	■		
USA – Südwest	■	■	
Usedom	■	■	
Venedig	■	■	■
Venetien & Friaul	■	■	
Wien	■	■	■
Zypern	■	■	

■ ADAC Reiseführer
je Band 144 bzw. 192 Seiten

■ ADAC Reiseführer plus
(mit Extraplan)
je Band 144 bzw. 192 Seiten

■ ADAC Reiseführer Audio
(mit Extraplan und Audio-CD)
je Band 144 oder 192 Seiten

Mehr erleben, besser reisen ... mit ADAC Reiseführern!

Stand: 6/2010